Integrated Korean
Workbook
High Intermediate 2

Sumi Chang   Hee-Jeong Jeong   Jiyoung Kim   Sang-Seok Yoon

KLEAR Textbooks in Korean Language

26 25 24 23 22 21   6 5 4 3 2 1

This textbook series has been developed by the Korean Language Education and Research Center (KLEAR) with the support of the Korea Foundation.

ISBN 978-0-8248-9178-7

Audio files for this volume may be downloaded in MP3 format at https://kleartextbook.com.

Printer-ready copy has been provided by the authors.

University of Hawai'i Press books are printed on acid-free paper and meet the guidelines for permanence and durability of the Council on Library Resources.

Contents

Grammar and Usages

Lesson 8   대한민국의 수도 서울

Lesson 9   남한과 북한

대화	GU9.1	~다시피	(just) as
	GU9.2	~의 영향으로	due to; under the influence of
	GU9.3	~만 해도	(even) just (talking about; taking as an example)
	GU9.4	~끼리	among/by ourselves/themselves; in groups (of)
	GU9.5	그건 그렇고	by the way; now; on a different note; so that's that
	GU9.6	~더러	to
	GU9.7	~시켜 주다	to allow/do/arrange something for someone/something
	GU9.8	~다(가) 보니(까)	while doing ... (one realizes that)
읽기	GU9.9	~에서 벗어나다	to get out of
	GU9.10	이내에/이내로	within
	GU9.11	(피해)를 입다	to be harmed
	GU9.12	~(으)ㄹ 수도 있다; ~(으)ㄹ지도 모르다	might

Lesson 10   한국의 주거 문화

대화	GU10.1	~다 못해	unable to (continue)
	GU10.2	잘못 ~	mistakenly, wrong(ly), erroneously
	GU10.3	~느니 (차라리)	would rather ... than
	GU10.4	~(으)ㄹ 지경이다	to be on the verge of; to be in a tight position
	GU10.5	~었으면/았으면 하다	One wishes that; One should be grateful if
	GU10.6	~(으)ㄹ걸(요) ↗	I guess
	GU10.7	~다니까(요)	I told you that ...
	GU10.8	일단	for the time being; first of all; once
읽기	GU10.9	~게도	indeed, enough
	GU10.10	~만 못하다	to be not as good as
	GU10.11	~에 해당하다	to correspond to; to be applicable to

Lesson 11 한국의 풍습과 미신

대화	GU11.1	~지 말라고 하다	to tell someone not to ...
	GU11.2	~어/아 내다	to do something eventually
	GU11.3	~는걸요/(으)ㄴ걸요	indeed, despite anticipations or reservations to the contrary
	GU11.4	~(으)려는/(으)려던 참	at the point of (doing), just when
	GU11.5	~는/(으)ㄴ 거겠지(요)	it may be that, I guess that
	GU11.6	어쩐지 ~더라니(까)	no wonder
읽기	GU11.7	끼치다	to cause, exert
	GU11.8	말할 것도 없다/	it is a matter of course that;
		말할 것도 없이	there is no need to say/needless to say
	GU11.9	기왕이면/이왕이면	if that is the case anyway
	GU11.10	~은/는 금물이다	be prohibited
	GU11.11	~다고/라고 해서	be called (entitled; known as) ... and (so/then)
	GU11.12	~다가는	do ... and then; if ... (with negative consequence)

Lesson 12 한국의 설화와 속담

대화	GU12.1	~(으)면 안 돼요?	would you do me the favor of?
	GU12.2	어느	a certain, any, some (... or other)
	GU12.3	바로	precisely, right(ly), exactly
	GU12.4	~(으)ㄴ/는 게 아니겠어요?	Alas! wasn't it that ...!
	GU12.5	~기(가) 무섭게	as soon as ...
	GU12.6	~(으)ㄴ 채(로)	just as it is, intact, as it stands, with no change
	GU12.7	~단/란 말이다	I mean
읽기	GU12.8	그렇다고 ⋯	even so, it is not right to ...
		~(으)/ㄹ 수도 없다	
	GU12.9	~다고/라고 (해서)	it wouldn't work even though ...;
		되는 일이 아니다	just because ...; it wouldn't be okay
	GU12.10	그런 줄도 모르고	without knowing such was the case; being unaware of such a fact
	GU12.11	그런가 하면	whereas; on the other hand

Lesson 13 한국의 공동체 문화

<table>
<tr><td>대화</td><td>GU13.1</td><td>~어(서)/아(서) 다행이다</td><td>it is fortunate/lucky that</td></tr>
<tr><td></td><td>GU13.2</td><td>~는/(으)ㄴ 바람에</td><td>because of, as a result of (an unexpected cause)</td></tr>
<tr><td></td><td>GU13.3</td><td>그렇잖아도</td><td>as a matter of fact, in fact</td></tr>
<tr><td></td><td>GU13.4</td><td>~(으)ㄹ 뻔하다</td><td>almost did or happened; barely escape doing</td></tr>
<tr><td></td><td>GU13.5</td><td>어찌나… ~는/(으)ㄴ지</td><td>so ... that ...; too ... to ...</td></tr>
<tr><td></td><td>GU13.6</td><td>N도 N(이)지만</td><td>although N is important, (something else is more important)</td></tr>
<tr><td>읽기</td><td>GU13.7</td><td>~을/를 바탕으로</td><td>based on</td></tr>
<tr><td></td><td>GU13.8</td><td>~(으)로/고 여겨지다</td><td>to be regarded as</td></tr>
<tr><td></td><td>GU13.9</td><td>이와 같이</td><td>like this; as such</td></tr>
<tr><td></td><td>GU13.10</td><td>~는/(으)ㄴ 데다가</td><td>not only ... but also; additionally</td></tr>
<tr><td></td><td>GU13.11</td><td>~아서/어서 그런지</td><td>perhaps, maybe because</td></tr>
</table>

Lesson 14 일제 강점기의 한국

<table>
<tr><td>대화</td><td>GU14.1</td><td>뵙겠습니다</td><td>Nice to see you; See you again.</td></tr>
<tr><td></td><td>GU14.2</td><td>말씀드렸듯이</td><td>as I told you</td></tr>
<tr><td></td><td>GU14.3</td><td>~을/를 중심으로</td><td>centering around (a thing), focusing on</td></tr>
<tr><td></td><td>GU14.4</td><td>어떻게 되세요?</td><td>May I ask what is ...? (to a senior person or distant adult)</td></tr>
<tr><td></td><td>GU14.5</td><td>~곤 하다</td><td>do habitually</td></tr>
<tr><td>읽기</td><td>GU14.6</td><td>~을/를 구실로</td><td>under the excuse of, using the excuse of</td></tr>
<tr><td></td><td>GU14.7</td><td>~화하다</td><td>–ize</td></tr>
<tr><td></td><td>GU14.8</td><td>~고 말다</td><td>to end up with</td></tr>
<tr><td></td><td>GU14.9</td><td>~을/를 전후하여</td><td>before and after (a time), around</td></tr>
<tr><td></td><td>GU14.10</td><td>~(으)ㄹ 무렵(에)</td><td>around the time when</td></tr>
<tr><td></td><td>GU14.11</td><td>~와/과 동시에</td><td>at the same time with; as soon as; upon</td></tr>
<tr><td></td><td>GU14.12</td><td>~(을/를) 당하다</td><td>to suffer, undergo</td></tr>
</table>

대한민국의 수도 서울
Seoul, Capital City of Korea

대화

A. 다음 표현에 해당하는 단어를 고르세요.

1. 어떤 지역에 사는 사람의 수 •   • 근처
2. 물건들의 가격 •   • 등산
3. 한가운데 •   • 중심
4. 운동을 위해 산에 올라가는 것 •   • 물가
5. 어떤 지역에서 가까운 곳 •   • 인구

B. 밑줄 친 부분과 같은 뜻을 가진 단어나 표현을 고르세요.

1. 서울은 밤에 다녀도 위험하지 않아요.

ㄱ 불편해요   ㄴ 안전해요   ㄷ 조심해요   ㄹ 편리해요

2. 가을에는 덥지 않고 시원해서 여행하기 좋아요.

ㄱ 따뜻해서   ㄴ 무더워서   ㄷ 선선해서   ㄹ 쌀쌀해서

3. 여름에는 기온도 높고 습도도 높아요.

ㄱ 따뜻해요   ㄴ 무더워요   ㄷ 뜨거워요   ㄹ 시원해요

4. 서울에는 <u>여러 가지</u> 문화 시설이 있어요.

    ㉠ 다양한   ㉡ 복잡한   ㉢ 큰   ㉣ 전체적인

5. 제가 아는 한국 사람들은 <u>대부분</u> 서울 사람들이에요.

    ㉠ 모두   ㉡ 반 정도   ㉢ 일부   ㉣ 거의 다

C. '~더라고(요)'를 사용해서 대화를 완성해 보세요.

1. 가: 어제 본 시험은 어땠어?

    나: 생각보다 어렵<u>**더라고**</u>. 공부를 많이 했는데도 잘 못 본 것 같아.

2. 가: 케이팝 콘서트에 가 봤어요?

    나: 네, 지난달에 처음 가 봤는데 _____

3. 가: 마크 씨, 어제 한옥 마을에 갔었지요? 어땠어요?

    나: 한옥 마을이 정말 _____

4. 가: 서울에서 등산도 해 보셨어요?

    나: 네, 북한산에 가 봤는데 _____

5. 가: 유명한 사람을 직접 본 적이 있어요?

    나: 네, _____ 을/를 봤는데 _____

6. 가: 새로 생긴 식당에 가 봤어요?

   나: 네, 어제 가서 _____ 을/를 먹어 봤는데 _____

D. 적당한 표현을 찾아 '~는/(으)ㄴ 셈이다'를 이용해서 문장을 완성해 보세요.

| 고향이다 | 공짜로 사다 | 구경하다 | 매일 운동하다 | 시험을 잘 보다 |

1. 가: 시험에서 몇 점 받았어요?

   나: 80점을 받았는데 너무 어려워서 이 정도면 _____

2. 가: 어머, 이 가방 너무 예뻐요. 비싼 거 아니에요?

   나: 원래 100만 원인데 90% 세일해서 10만 원에 샀어요. 거의 _____

3. 가: 서울 여행은 어땠어요?

   나: 열흘 동안 매일같이 돌아다녔어요.

   가: 그럼 서울에서 볼 만한 것들은 충분히 _____

4. 가: 평소에 운동을 많이 하세요?

   나: 사실 따로 운동을 하지는 않는데 30분씩 걸어서 학교에 오니까 _____

5. 가: 어디에서 태어나서 자랐어요?

   나: 저는 부산에서 태어났지만 2살 때부터 쭉 서울에서 자랐으니까 서울이 _____

E. 다음 질문에 '~니까 ~(으)ㄹ 수밖에요'를 사용해서 대답해 보세요.

1. 요즘은 택시를 타지 않고 우버나 리프트를 이용하는 사람들이 많다고 하네요. 왜 그런거죠?

   우버나 리프트가 택시보다 부르기 편하고 싸니까 사람들이 더 많이 이용한 수밖에요.

2. 요즘 유튜버가 되고 싶어 하는 사람들이 많다고 합니다. 왜 그럴까요?

   _____

3. 요즘은 사람들이 서점에 가지 않아서 많은 서점들이 문을 닫았다고 합니다. 왜 그런 거죠?

   _____

4. 요즘 한국 드라마를 좋아하는 사람들이 많아졌다고 합니다. 왜 그럴까요?

   _____

5. 요즘 한국이나 미국에서 자동차를 사지 않고 리스 하는 사람들이 많아졌다고 합니다. 왜 그런 거죠?

   _____

F. 다음 '한'이 들어간 단어들을 '한'의 뜻에 따라 나눠 보세요.

한가운데	한걸음	한낮	한눈	한동안
한복판	한밤중	한여름	한입	한평생

1. one: 한걸음

2. mid...; the very: 한가운데

G. 다음 빈칸에 적당한 단어를 골라서 문장을 완성해 보세요.

한겨울	한낮	한밤중	한복판	한여름

1. 광화문 광장은 서울 _____에 위치하고 있다.

2. 나는 요즘 시험이 많아서 매일 _____까지 공부를 한다.

3. 지금 3월인데도 거의 _____처럼 날씨가 춥다.

4. 더운 여름 _____에 잠깐 오는 소나기는 더위를 식혀 줍니다.

5. 서울에서 7월 말부터 8월 초까지는 _____(이)라 아주 무덥습니다.

H. 다음 빈칸에 적당한 말을 있는 대로 골라서 문장을 완성해 보고 그 뜻을 확인해 보세요.

한걸음에	한눈에	한 번에	한숨에	한입에

1. 그들은 처음 만났을 때 _____ 서로 사랑에 빠졌습니다.

2. 사자는 토끼를 _____ 잡아먹어 버렸습니다.

3. 제가 장학금을 받았다는 소식을 부모님께 전해 드리려고 집까지 _____ 뛰어갔습니다.

4. 오랜만에 보는 친한 친구에게 _____ 달려가 그동안 일어났던 일들을 얘기해 주었습니다.

5. 월급을 _____ 다 쓰지 말고 계획을 잘 세워서 나눠서 쓰세요.

I.   '~(으)ㄹ 만하다'를 사용해서 다음 문장의 상황을 설명해 보세요.

1. 저는 매운 음식을 잘 못 먹지만 이 떡볶이는 많이 안 매워요.

    → 이 떡볶이는 <u>먹을 만해요</u>.

2. 민지는 열심히 연습해서 한국어 말하기 대회에서 1등을 했어요.

    → 민지는 1등을 _____

3. 이 청바지는 오래됐지만 아직 예쁘고 저한테 잘 맞아요.

    → 이 청바지는 아직 _____

4. 한국어는 어렵지만 열심히 공부했더니 한국어를 잘할 수 있을 것 같아요.

    → 이제 한국어 공부를 _____

5. 책을 읽고 싶은데 집에 있는 책들은 다 읽었어요.

    → 이제 _____ 책이 없어요.

6. 내일 친구들하고 클럽에 가기로 했는데 옷들이 다 마음에 안 들어요.

    → 내일 _____ 옷이 없어요.

J. 여러분이 여행해 본 곳들에 대해서 서로 이야기해 보세요. '~더라고요'와 '~(으)ㄹ 만하다'를 사용해서 써 보세요.

1. 지난 여름에 저는 서울타워에 갔어요. 사람이 정말 많더라고요. 서울타워 전망대에서는 서울을 한눈에 볼 수 있었어요. 경치가 정말 볼 만했어요.

2. _____

_____

_____

3. _____

_____

_____

K. 대화를 듣고 질문에 대답하세요. 🎧

1. 다음 중 대화의 내용과 일치하는 것을 고르세요.

　㉠ 여자는 서울타워에 가고 싶어 하지 않는다.
　㉡ 남자는 서울타워에 가 본 적이 있다.
　㉢ 서울타워에 가려면 등산을 해야 한다.
　㉣ 서울타워는 남산 근처에 있다.

2. 남자와 여자가 이어서 할 행동으로 맞는 것을 고르세요.

　㉠ 토요일 계획을 세운다.
　㉡ 서울타워에 전화한다.
　㉢ 케이블카를 예약한다.
　㉣ 서울타워에 간다.

L.   대화를 듣고 질문에 대답하세요. 🎧

　1. 다음 중 대화의 내용과 일치하는 것을 고르세요.

　　　㉠ 아직 겨울이 안 끝났습니다.
　　　㉡ 오늘 날씨는 더웠다 추웠다 했습니다.
　　　㉢ 서울의 봄 날씨는 항상 따뜻합니다.
　　　㉣ 다음 주에는 날씨가 좋아질 것 같습니다.

　2. 남자가 이어서 할 행동으로 맞는 것을 고르세요.

　　　㉠ 약을 사러 약국에 간다.
　　　㉡ 황사 마스크를 사러 간다.
　　　㉢ 일기예보를 확인한다.
　　　㉣ 황사 마스크를 쓴다.

읽기

A. 다음 표현에 해당하는 단어를 찾아 연결하세요.

1. 다른 사람을 가르치는 일   •   •   화재

2. 한 나라의 중앙정부가 있는 도시   •   •   복구

3. 다시 원래대로 만드는 것   •   •   철거

4. 불이 나는 사고   •   •   수도

5. 건물을 없애는 것   •   •   교육

B. 다음 빈칸에 공통으로 들어갈 수 있는 가장 적당한 표현을 찾으세요.

1. 가: 이 노래는 많은 사람들한테 _____

    나: 민지는 수학을 잘해서 수학 천재라고 _____

    다: 빈대떡은 녹두로 만든 전이라 녹두전이라고도 _____

    ㉠ 불려요   ㉡ 말해요   ㉢ 불러요   ㉣ 해요

2. 가: 미국은 여러 민족이 함께 사는 나라이기 때문에 _____ 문화가 있다.

    나: 재료와 만드는 방법에 따라 _____ 김치가 있다.

    다: 서울에는 관광객들이 방문할 수 있는 _____ 문화시설이 있다.

    ㉠ 재미있는   ㉡ 큰   ㉢ 다양한   ㉣ 멋있는

C.   다음 빈칸에 가장 적절하지 않은 말을 고르세요.

1.   이 분은 가수_____ 배우예요.

ㄱ 이고   ㄴ 이며   ㄷ 이자   ㄹ 이지만

2.   민지는 2학년_____ 민준이는 3학년이에요.

ㄱ 이고   ㄴ 이며   ㄷ 이자   ㄹ 인데

3.   민지는 공부도 잘_____ 운동도 잘한다.

ㄱ 하고   ㄴ 하며   ㄷ 하자   ㄹ 할 뿐만 아니라

4.   오늘은_____ 바람이 많이 불겠습니다.

ㄱ 추우며   ㄴ 추운 데다가   ㄷ 추워서   ㄹ 춥고

5.   서울은 한국 문화의 중심지_____ 유명한 관광도시입니다.

ㄱ 이고   ㄴ 이며   ㄷ 이자   ㄹ 라는

D.   다음 질문에 대답해 보세요.

1.   '음악의 아버지'**라고 불리는** 사람은 누구입니까?

_____

2.   미국에서 '빅애플'**이라고 불리는** 도시는 어디입니까?

_____

3. '철의 여인'**이라고 불렸던** 영국 사람은 누구입니까?

_____

4. '계절의 여왕'**이라고 불리는** 달은 몇 월입니까?

_____

5. '과일의 왕'**이라고 불리는** 과일은 무엇입니까?

_____

E. 다음 문장에 대한 정보를 찾아보고 '~에 달하다'를 이용해서 완성해 보세요.

1. 자유의 여신상은 높이가 46.1미터에 달합니다. 받침대를 포함하면 93.5m에 달합니다.

2. 미국의 인구는 올해 기준으로 _____

3. 우리 학교의 등록금은 1년에 _____

4. 우리 학교의 기숙사비는 한 학기에 _____

5. 전 세계 스타벅스 체인점 수는 _____

F. 다음 빈칸에 알맞은 말을 넣어 문장을 완성해 보고 그 뜻을 확인해 보세요.

하다	다하다	충실하다	맡다

1. 우리 회사가 잘 되기 위해서는 각자 자기 역할에 _____.

2. 저는 이번 연극에서 할아버지 역할을 _____.

3. 건강한 생활을 위해서는 식사가 중요한 역할을 _____.

4. 제 성공에는 부모님의 뒷받침이 큰 역할을 _____.

5. 이번 영화에서 제가 좋아하는 배우가 주인공 역할을 _____.

6. 저는 우리 동아리의 회장으로서 제 역할을 _____.

G. '못지않게'를 이용해서 아래 두 가지를 비교하는 문장을 만들어 보세요.

1. 삼성 갤럭시폰 vs 애플 아이폰

_____

2. 서울 vs 뉴욕

_____

3. 닌텐도 vs 플레이스테이션

_____

H. 다음 글을 읽고 질문에 대답하세요.

> 한강은 서울을 동쪽에서 서쪽으로 가로지르는 강이다. ① 역사적으로 서울은 이 한강을 중심으로 발전한 도시이다. ② 한강의 "한"은 크다는 뜻이다. ③ 서울에서 한강 북쪽 지역을 강북, 남쪽 지역을 강남이라고 부르기도 한다. ④ 한강에는 강북과 강남을 연결해 주는 다리들이 많이 있다. 한강 옆에는 공원들과 운동 시설들이 있어서 서울 시민들의 휴식 공간으로 이용되고 있다.

1. 윗글에서 아래 문장이 들어갈 적당한 곳은 어디입니까?

   그러므로 "한강"이라는 이름은 큰 강이라는 뜻이다.

   ㉠ ①   ㉡ ②   ㉢ ③   ㉣ ④

2. 윗글의 내용과 일치하는 것을 고르세요.

   ㉠ 한강은 서울을 동쪽과 서쪽으로 나누는 강이다.
   ㉡ 서울은 한강 덕분에 발전한 도시이다.
   ㉢ 강북과 강남은 서울 밖에 있다.
   ㉣ 한강 다리를 통해 서울 밖으로 나갈 수 있다.

I. 다음 글을 읽고 아래 말이 맞으면 ○, 틀리면 X에 표시하세요.

> 서울을 관광하는 외국인들이 가장 많이 방문하는 곳은 명동이라고 한다. 명동은 서울 중심에 위치해 있어서 지하철이나 버스를 이용해서 쉽게 갈 수 있다. 고급 백화점들과 옷 가게, 신발 가게, 화장품 가게, 액세서리 가게 등이 많아 예전부터 한국에서 쇼핑하기에 가장 좋은 곳으로 알려져 있다. 또한 유명한 식당이나 술집도 많고 길거리 음식도 다양해서 맛있는 음식을 먹을 수 있는 곳이다. 그리고 다양한 카페와 찻집이 있어서 커피나 차를 마시며 쉴 수도 있다. 명동은 서울의 대표적인 관광과 쇼핑의 중심지로 하루 종일 내국인 및 외국인으로 북적인다.

1. 명동은 유명한 관광지이다.   ○   X

2. 명동은 교통이 편리한 곳에 위치해 있다.   ○   X

3. 명동에서는 쇼핑도 할 수 있고 맛있는 음식도 먹을 수 있다.   ○   X

4. 명동은 주로 외국인들만 방문하는 곳이다.   ○   X

종합 활동

A. 다음 빈칸에 알맞은 단어를 골라 문장을 완성하세요.

건축물	교육	규모	단풍	물가
사계절	상점	장마	직장	화재

1. 서울에는 좋은 학교들이 많아요. _____ 환경이 좋아요.

2. _____ 을/를 구하기 위해 서울로 이사 가는 사람들이 많아요.

3. 서울은 _____ 이/가 비싸기 때문에 서울에 살려면 돈이 많이 들어요.

4. 남대문은 서울을 대표하는 _____ 입니다.

5. 남대문과 동대문 근처에는 각각 한국 최대 _____ 의 남대문시장과 동대문시장이 있습니다.

6. 이번 _____ (으)로 많은 건물들이 다 타 버렸습니다.

7. 남대문시장에는 10,000개가량의 _____ 들이 있습니다.

8. 서울은 봄, 여름, 가을, 겨울 _____ 이 뚜렷하게 나타난다.

9. 한국에서는 6월 하순부터 7월 하순까지 _____ 이/가 계속되어 비가 자주 옵니다.

10. 한국의 가을에는 _____ 이/가 아름다워서 산으로 여행을 가는 사람들이 많습니다.

B. 여러분의 친구가 여러분이 잘 아는 도시에 여행을 가려고 합니다. 언제 가는 것이 제일 좋은지, 왜 그때 가는 것이 좋은지, 뭘 하면 좋은지 설명하는 대화를 만들어 보세요.

1. 가: 저는 부산을 여행하고 싶어요. 언제 가는 것이 좋을까요? 뭘 하는 것이 좋을까요?

   나: 부산은 원래 유명한 해수욕장이 많아서 여름에 관광객이 제일 많아요. 여름에 가면 좋지만 사람이 너무 많고 더워서 여행하기 좀 힘들 수도 있어요. 그래서 부산에는 봄에 가는 것도 좋아요. 맛있는 음식도 먹을 수 있고 벚꽃이나 유채꽃 등 봄꽃을 즐길 수도 있어요.

2. 가: 저는 _____ 에 여행 가고 싶어요. 언제 가는 것이 좋을까요? 뭘 하는 것이 좋을까요?

   나: _____

   _____

   _____

C. 아래 안내문을 보고 질문에 대답해 보세요.

전쟁기념관 관람 안내

전쟁기념관은 아시아 최대 규모의 전쟁 무기 박물관입니다. 한국의 역사와 전쟁에 대한
여러 가지 자료들이 전시되어 있습니다. 특히 한국 전쟁에 대해 많은 것을 배울 수 있는 곳입니다.
한국어, 영어, 중국어, 일본어로 설명을 제공하고 있어서
한국어를 모르는 외국인들도 쉽게 이용할 수 있습니다.

- 관람 시간: 9:30 ~ 18:00
- 정기 휴관일: 매주 월요일
- 관람 요금: 무료

관람 viewing 최대 the biggest 규모 scale 무기 weapon 정기 regular 휴관 closure

1. 위 안내문의 내용과 일치하는 것을 고르세요.

　　㉠ 전쟁기념관에서는 무기를 직접 볼 수 있다.

　　㉡ 전쟁기념관에서는 한국 전쟁에 대한 수업을 들을 수 있다.

　　㉢ 전쟁기념관은 매일 관람할 수 있다.

　　㉣ 전쟁기념관은 외국 사람들이 이용하기에 불편하다.

D.　다음 대화를 읽고 질문에 대답하세요.

학생:　선생님, 서울 중심에는 광화문이 있고 광화문 광장도 있는데 광화문은 어떤 건축물인가요?
선생님: 광화문은 경복궁의 정문이에요.
학생:　____①____ 제가 지난번에 경복궁에 가 봤는데 경복궁으로 들어가는 문이 따로 있던데요? 그리고 광화문하고 경복궁은 멀리 떨어져 있는데 어떻게 광화문이 경복궁의 문이지요?
선생님: 고궁에는 원래 문이 여러 개 있어요. 광화문은 경복궁으로 들어가기 위한 첫번째 문이고 제일 큰 문이었어요.

1. 다음 중 대화의 내용과 일치하는 것을 고르세요.

　　㉠ 광화문은 경복궁 안에 있습니다.

　　㉡ 광화문은 경복궁의 문이었습니다.

　　㉢ 광화문은 고궁입니다.

　　㉣ 남자는 광화문을 통해 경복궁에 들어갔습니다.

2. 다음 중 ____①____ 에 들어갈 수 있는 제일 알맞은 말을 고르세요.

　　㉠ 광화문이 경복궁의 문이라고요?　　　　　㉡ 그렇군요!

　　㉢ 그럴 줄 알았어요!　　　　　㉣ 아, 그래요?

E. 대화를 듣고 질문에 대답해 보세요. 🎧

1. 여자는 왜 서울에서 살고 싶어 합니까? 여자가 서울을 좋아하는 이유 세 가지를 정리해서 써 보세요.

가: _____

_____

_____

나: _____

_____

_____

다: _____

_____

_____

F. 다음 질문에 대답해 보세요.

1. 서울의 인구는 얼마나 됩니까?

2. '수도권'은 어느 지역을 말하는 말입니까?

3. 서울 중심에 있는 산의 이름은 무엇입니까?

4. 서울에 있는 고궁들의 이름을 두 개 이상 써 보세요.

5. 서울의 옛날 이름을 두 개 이상 써 보세요.

6. 남대문과 동대문의 다른 이름은 각각 무엇입니까?

7. 다양한 옷과 액세서리 등을 살 수 있는 한국에서 제일 큰 시장은 어디입니까?

8. 서울을 가로지르는 강의 이름은 무엇입니까?

G. 다음 질문에 대해 생각해 보고 다른 사람들과 이야기해 봅시다.

1. 세계의 다른 대도시들과 다른 서울의 특징으로는 어떤 것들이 있습니까?

2. 여러분이 서울을 여행한다면 제일 가 보고 싶은 곳이 어디입니까? 왜 그곳에 가 보고 싶습니까?

3. 한강은 서울 사람들이 가장 많이 즐길 수 있는 곳이라고 합니다. 한강에서 어떤 활동들을 할 수 있는지 알아보고 이야기해 봅시다.

4. 서울 지하철이 세계 최고 수준이라고 평가되고 있는 이유를 알아보고 이야기해 봅시다.

남한과 북한
South Korea and North Korea

대화

A. 다음 표현에 해당하는 단어를 고르세요.

1. 서로 같지 않은 것 • • 연예인

2. 사랑하는 사람과 사귀는 것 • • 전쟁

3. 다니던 학교를 그만두는 것 • • 차이

4. 가수, 배우, 코미디언 같은 사람들 • • 퇴학

5. 나라와 나라가 싸우는 것 • • 연애

B. 빈칸에 가장 적당한 말을 골라 문장을 완성해 보세요.

급속하게	차차	자유롭게	심지어	하루빨리

1. 최근 아주 많은 북한 사람들이 한류를 알게 되었다고 합니다. 그리하여 북한 사회가 한류의 영향으로
    _____ 변하고 있다고 합니다.

2. 북한에서는 예전에는 연애할 때 몰래 만났는데 요즘 젊은이들은 _____ 연애를 한다고
    합니다.

3. 가족을 못 만난 지 3년이나 되었습니다. _____ 가족들을 만나고 싶습니다.

4. 요즘 북한 젊은이들은 한국 드라마를 보거나 케이팝을 많이 듣는다고 합니다. _____ 서울
    말투를 따라 하는 사람들도 있습니다.

5. 새로운 직장에서 일하는 것이 처음에는 힘들었는데 오랫동안 열심히 일하다 보니 _____
    적응이 됐습니다.

C. 빈칸에 알맞은 말을 넣어서 대화를 완성해 보세요.

알다시피	아시다시피	보시다시피	들었다시피	말씀하셨다시피

1. 가: 미안한데 나 돈 좀 빌려줄래?

    나: 야, 너도 _____ 나도 요즘 돈이 없어.

2. 가: 여러분도 _____ 요즘 한국 가수들이 세계적으로 인기가 많습니다. 그 이유가 뭐라고 생각하세요?

나: 제 생각에는 한국의 문화 산업이 많이 발달해서 세계인들이 좋아하는 문화 상품을 잘 개발하는 것 같아요.

3. 가: 요즘은 북한에서도 남한의 문화에 관심이 많아요.

나: 선생님께서 방금 _____ 북한에도 한류가 퍼지고 있는데요, 앞으로 한류가 남북 관계에 어떤 영향을 미칠까요?

가: 글쎄요, 당장 큰 영향을 미치기는 어렵겠지만 북한 사람들이 남한에 대해 많이 알게 되는 데에 도움이 될 거라고 생각해요.

4. 가: 지금 바쁘세요?

나: _____ 지금은 아무것도 안 하고 있어요. 왜요?

가: 그럼 저 짐 옮기는 것 좀 도와주시겠어요?

5. 가: 오늘 일기예보 봤어?

나: 응.

가: 너도 TV에서 _____ 오늘은 하루 종일 비가 온다니까 오늘은 그냥 집에 있어야겠어.

D. 다음 문장들을 완성해 보세요.

1. 저는 한국어를 배운 **영향으로** 한국 문화에 대한 관심이 높아졌어요.

2. 많은 사람들은 스트레스의 **영향으로** _____

3. 코로나 바이러스의 **영향으로** _____

4. 미국 사회는 기독교의 **영향으로** _____

5. 기후 온난화의 **영향으로** _____

6. 인공지능(AI)의 **영향으로** 앞으로는 _____

E. '~만 해도'를 이용해서 다음 대화를 완성하세요.

1. 가: 요즘은 결혼을 늦게 하는 사람들이 많은 것 같아요. _____ 아직 결혼 계획이 없대요.

    나: 삼촌이 나이가 어떻게 되시는데요?

    가: 올해 마흔이세요.

2. 가: 한국 드라마를 좋아하는 미국 사람들이 많아요?

    나: 네, _____ 한국 드라마를 보는 사람들이 없었는데 요즘 많아졌어요.

    가: 맞아요. 요즘 정말 재미있는 한국 드라마들이 많은 것 같아요.

3. 가: 날씨가 많이 추워졌네요.

   나: 그러게요. _____ 따뜻했는데 오늘은 너무 춥네요.

   가: 이제 겨울이 됐나 봐요.

4. 가: 요즘 한국어를 배우려는 학생들이 많은 것 같아요.

   나: 그런 것 같아요. _____ 한국어 수업을 듣는 사람들이 많아요.

   가: 왜 한국어를 배운대요?

   나: 한국에 가서 영어를 가르치고 싶대요.

5. 가: 한국은 _____ 아주 가난한 나라였어요. 하지만 1970년대부터 많이 발전을
   해서 지금은 세계 10위 정도의 경제 대국이 됐어요.

   나: 맞아요. 한국 전쟁 후에는 한국 사람들이 아주 힘들게 살았다고 들었어요.

F. 다음 문장들의 뜻을 생각해 보고 '끼리'의 사용이 잘못된 것을 고르세요.

1. 우리**끼리** 이야기지만 이 음식은 너무 맛이 없는 것 같아요.
2. 어제는 두 사람**끼리** 영화를 보러 갔어요.
3. 오늘 밤에는 여자들**끼리** 파티를 할 거예요.
4. 이번 연휴에는 가족**끼리** 여행을 가려고 해요.
5. 같은 고향 사람들**끼리** 싸우지 말고 서로 도와주면 좋겠어요.
6. 냉장고에 채소는 채소**끼리**, 과일은 과일**끼리** 정리하세요.

G. 다음 빈칸에 알맞은 표현을 넣어 대화를 자연스럽게 완성해 보세요.

그건 그렇고	그러셨군요	심지어	아시다시피	특히

사회자: 한국 사람들과 이야기할 때 가장 어려운 것이 무엇인지요?

탈북자: ① _____ 한국에서는 외래어를 많이 써서 알아듣기가 힘들었어요. ② _____
영어를 많이 써서 한국 사람들과 이야기하기 위해서 영어 공부를 많이 해야 했어요.

사회자: 아, ③ _____. 그리고 또 어떤 것들이 어려웠나요?

탈북자: 그리고, 북한 말투를 고치는 것도 어려웠어요. 북한 말투를 쓰면 사람들이 쳐다봐서
불편했거든요.

사회자: 지금은 북한 말투가 하나도 없으세요. 한국에서 살기 위해서 ④ _____ 말씨까지
고치셨다니 그동안 정말 노력을 많이 하셨군요. 정말 대단하시네요. ⑤ _____
앞으로 남한에서 살면서 어떤 계획이 있으세요?

탈북자: 앞으로 한국 사회에 잘 적응해서 좋은 직업을 갖고 싶습니다.

H. 다음 문장들의 밑줄 친 부분을 '더러'와 바꿔 쓸 수 없는 문장을 찾아보고 왜 안 되는지 이야기해 봅시다.

1. 한국에 가니까 사람들이 저**한테** 한국말을 잘 한다고 했어요.
2. 저는 강아지**한테** 먹을 것을 줬어요.
3. 선생님이 저희들**한테** 열심히 공부하라고 하셨어요.
4. 민준이는 노아**에게** 공을 던졌어요.
5. 엄마가 저**에게** 어디 가냐고 물었어요.

I. 다음 경우에 '~ 시켜 주다(드리다)'를 이용해서 써 보세요.

1. 여러분이 다른 사람이나 반려동물을 위해서 해 준 것들

저는 강아지한테 산책을 **시켜 줬어요**.

_____

_____

2. 다른 사람들이 여러분을 위해서 해 준 것들에 대해 써 보세요.

제 한국 친구는 제가 한국에 갔을 때 서울 구경을 **시켜 줬어요**.

_____

_____

J. '~다 보니까'를 이용해서 다음 대화를 완성해 보세요.

1. 가: 한국어를 정말 잘 하시네요! 어떻게 그렇게 한국어를 잘 하세요?

    나: _____ 한국어를 잘하게 된 것 같아요.

2. 가: 얼굴이 너무 안 좋아요. 많이 피곤하세요?

    나: _____ 너무 피곤하고 힘이 없어요.

3. 가: 어떻게 이렇게 날씬해졌어요?

    나: _____ 날씬해졌어요.

4. 가: 어떻게 그렇게 부자가 되셨는지요?

   나: _____ 부자가 됐어요.

5. 가: 벌써 배가 고프세요? 점심 안 드셨어요?

   나: 점심은 먹었는데 _____ 배가 고파졌어요.

K. 대화를 듣고 질문에 대답해 보세요. 🎧

   1. 대화의 내용과 일치하는 것을 고르세요.

      ㉠ 여자는 탈북자이다.
      ㉡ 여자는 북한 사투리를 쓴다.
      ㉢ 여자는 서울에서 산 지 오래되어서 서울말을 잘 한다.
      ㉣ 여자는 한국에서 사는 것이 항상 불편하다고 생각한다.

L. 대화를 듣고 질문에 맞으면 ○, 틀리면 X에 표시하세요. 🎧

   1. 북한의 젊은 사람들 사이에 남한의 대중문화가 인기이다.   ○   X

   2. 북한에서는 인터넷으로 남한의 대중문화를 접할 수 있다.   ○   X

   3. 남한의 문화는 중국을 통해서 북한에 들어간다.   ○   X

   4. 북한에서 남한의 문화를 즐기는 것은 불법이다.   ○   X

읽기

A. 다음 빈칸에 알맞은 말을 넣어서 문장을 완성해 보세요.

대국제전	군복무	6·25(육이오)	이산가족
제2차 세계 대전	통일	한반도	휴전 협정

1. _____은/는 1945년 8월 15일에 끝났다.

2. 미국과 소련 사이에 냉전이 시작하면서 _____은/는 남과 북으로 분단되었다.

3. 1950년에 발발한 남한과 북한 사이의 전쟁을 한국 전쟁이라고도 하고 _____
전쟁이라고도 한다.

4. 한국 전쟁은 세계 여러 나라가 참전하는 _____(으)로 확대되었다.

5. 1953년 판문점에서 _____이/가 이루어졌다.

6. 전쟁 때문에 많은 가족들이 헤어져서 서로 만나지 못하는 _____이/가 되었다.

7. 대한민국의 건강한 남성은 _____을/를 해야 한다.

8. 많은 사람들이 남한과 북한이 다시 하나가 되는 _____을/를 기원하고 있다.

B. 다음 질문에 예를 들어 대답해 보세요.

1. 여러분들이 **벗어나고** 싶은 상황이 있었습니까?

    _____

2. 여러분들의 예상에서 **벗어났던** 일이 있었습니까?

    _____

3. 여러분들은 바쁜 일과에서 **벗어나서** 하고 싶은 일이 있습니까?

    _____

4. 스트레스에서 **벗어나기** 위해서는 어떻게 하는 게 좋을까요?

    _____

5. 부모님의 기대에서 **벗어난** 적이 있습니까?

    _____

C. 다음 대화를 '~ 이내에' 또는 '~ 이내로'를 사용해서 완성해 보세요.

1. 가: 2km를 얼마나 빨리 뛸 수 있어요?

    나: 저는 _____

2. 가: 학교까지 얼마나 걸려요?

    나: 걸어서 가면 _____

3. 가: 선생님, 숙제를 언제까지 내요? 그리고 얼마나 많이 써야 해요?

   나: 다음 주 월요일까지 내세요. 다섯 장 _____

4. 가: 일주일 전에 새 전화기를 샀는데 고장이 난 것 같아요.

   나: _____ 고장이 나면 새 제품으로 바꿔 줄 거예요. 서비스 센터에 가져가 보세요.

5. 가: 요즘 다이어트를 하세요? 살이 많이 빠졌어요.

   나: 네, 요즘 다이어트도 하고 운동도 많이 해서 3kg이 빠졌어요. _____ 2kg을 더
   빼는 게 목표예요.

D. 다음 질문에 예를 들어 대답해 보세요.

1. 마음의 상처를 **입은** 사람을 위로해 줄 수 있는 방법으로는 어떤 것이 있습니까?

   _____

2. 여러분이 이때까지 **입은** 가장 큰 피해는 어떤 것이었습니까?

   _____

3. 여러분은 누구에게 가장 큰 은혜를 **입었습니까**? 어떤 은혜를 **입었습니까**?

   _____

4. 운동을 하다가 상처나 부상을 **입은** 적이 있습니까?

   _____

5. 눈이나 비, 태풍, 지진에 의해 피해를 **입어** 본 적이 있습니까?

_____

E. 다음 대화를 '~(으)ㄹ지도 모르다'를 사용해서 완성해 보세요.

1. 가: 우리 새로 나온 영화를 보러 갈까요?

    나: _____ 모르는데 괜찮겠어요?

2. 가: 음식을 왜 이렇게 많이 만들었어요?

    나: _____ 몰라서 많이 만들었어요.

3. 가: 오늘 저녁에 서울 식당에 가려고 하는데 자리가 있을까요?

    나: 저녁에는 사람이 많아서 _____ 모르니까 예약을 하는 게 좋을 거야.

4. 가: 민지한테 물어볼 게 있는데 지금 전화해 볼까?

    나: 지금은 너무 늦어서 _____ 모르니까 내일 해 봐.

5. 가: 겨울에 서울을 여행하려면 어떤 점들을 주의해야 할까요?

    나: _____ 모르니까 감기약을 준비해서 가져가는 게 좋을 거예요.

6. 가: 오늘 날씨가 흐리네… 비가 올까?

    나: 오후에 _____ 모르니까 우산 가지고 가.

F. 다음을 읽고 질문에 대답하세요.

> 6·25전쟁은 1950년 6월 25일에 시작해 1953년 7월 27일 휴전이 될 때까지 계속된 전쟁이다.
> 아직 공식적으로는 종전이 되지 않았기 때문에 6·25전쟁은 아직 끝나지 않은 전쟁이다.
> 6·25전쟁은 한반도에서 발발한 전쟁이었지만 미국을 비롯해 영국, 캐나다, 터키, 호주, 프랑스
> 등 16개 나라가 UN 연합군으로 남한을 위해서 참전했고 중국과 소련이 북한을 위해 참전한
> 국제전이었다. 이 전쟁에서는 많은 군인들이 다치고 사망했지만 민간인들도 큰 피해를 입었다.
> 6·25전쟁 동안 다치거나 사망한 사람들은 남북한 모두 5백만 명에 달한다고 한다. 그리고 전쟁
> 중에 많은 가족들이 헤어져서 이산가족이 되었다. 이산가족이 된 사람들 중에는 가족을 찾은
> 사람도 있지만 아직 많은 사람들이 찾지 못한 가족을 그리워하며 살고 있다. 이처럼 6·25전쟁은
> 많은 사람들에게 씻을 수 없는 상처를 남겼다.
>
> 공식적으로 officially 종전 end of the war 민간인 civilian

1. 6·25전쟁은 시작부터 휴전까지 얼마 동안 계속되었습니까?

2. 6·25전쟁은 왜 아직 끝나지 않은 전쟁입니까?

3. 6·25전쟁은 왜 국제전이라고 할 수 있습니까?

4. 이산가족이란 무엇입니까?

G.   다음을 읽고 질문에 대답하세요.

2018년 6월 12일, 도널드 트럼프 미국 대통령과 김정은 조선민주주의인민공화국 국무위원장이 싱가포르에서 역사상 처음으로 미국과 북한 간의 정상회담을 가졌다. 이 회담에서 트럼프 미국 대통령은 북한의 체제 안전 보장을 약속했고 김정은 국무위원장은 한반도에서의 완전한 비핵화를 약속했다. 이 회담 이후에 미국과 북한의 관계에 진전이 있었고 한반도에서는 남북 관계도 좋아졌다. 두 사람은 2019년 2월 27일 베트남 하노이에서 두 번째 정상회담을 가졌다. 하지만 미국은 북한의 비핵화의 노력이 부족하다고 여겼고 북한은 미국의 대북 제재가 심하다고 생각해 두 번째 정상회담은 결렬되었다. 미국과 북한의 정상이 두 번이나 정상회담을 가졌다는 사실은 큰 의미가 있었지만 구체적인 성과가 없어 많은 사람들에게 실망감을 주었다.

국무위원장 Chairman of the State Affairs Commission (title for North Korean leader) 정상회담 summit meeting 체제 system, regime 안전 보장 security guarantee 비핵화 denuclearization 결렬되다 to break down

1.   미국이 북한에게 원하는 것은 무엇입니까?

2.   북한이 미국에게 원하는 것은 무엇입니까?

3.   하노이 정상회담이 실패한 원인은 무엇입니까?

종합 활동

A. 다음 빈칸에 적당한 말을 넣어 문장을 완성해 보세요.

| 대치 발발 분단 수립 적응 영향 왕래 파괴 탈출 통치 |

1. 한반도의 _____(으)로 남북의 문화가 많이 달라졌다.

2. 북한을 _____한 사람들을 탈북자라고 한다.

3. 탈북자들이 남한에서 _____하는 것은 쉽지 않다.

4. 코로나 바이러스의 _____(으)로 경제적 타격이 컸다.

5. 한국 정부는 1948년에 _____되었다.

6. 한국 전쟁으로 한반도의 산업 시설들이 _____되었다.

7. 지금도 판문점에서 남한과 북한의 군인들이 _____하고 있다.

8. 통일이 되어 남북한 사람들이 자유롭게 _____할 수 있으면 좋겠다.

9. 제2차 세계 대전 이후 미국과 소련은 38선 남쪽은 미국 군이, 북쪽은 소련 군이 _____ 하기로 합의했다.

10. 1950년에는 남한과 북한 사이에 전쟁이 _____ 했다.

B. 다음 사건들을 발생한 순서대로 정리해 보고 간단히 설명해 봅시다.

- 38선을 기준으로 분단
- 대한민국 정부 수립
- 제2차 세계 대전 종전
- 조선민주주의인민공화국 정부 수립
- 한국 전쟁 발발
- 휴전 협정

1. 제2차 세계 대전 종전: 1945년 8월 15일 일본의 항복으로 제2차 세계 대전이 끝났다. 제2차 세계 대전의 종전으로 한반도는 일제 강점기에서 벗어나게 되었다.

2. _____

_____

3. _____

_____

4. _____

_____

5. _____

_____

6. _____

_____

C. 대화를 듣고 질문에 대답해 보세요. 🎧

1. 평양은 북한 최대의 도시이다.   ○   X
2. 북한에는 현대적인 도시가 몇 군데 있다.   ○   X
3. 평양에 사는 사람들은 북한에서 특별한 사람들이다.   ○   X
4. 북한에 여행을 가는 것은 위험할 수 있다.   ○   X

D. 다음 글을 읽고 질문에 대답해 보세요.

"동무"라는 말은 친한 사이의 사람을 나타내는 말로 친구와 비슷한 말이다. 동무는 보통 어릴 때부터 친하게 지내던 친구를 뜻하는 정감 있는 말이었지만 남한에서는 요즘 동무라는 말은 거의 안 쓰이고 친구라는 말만 쓰인다. ① 동무는 지금은 "길동무"(같은 길을 가는 친구), "말동무"(같이 이야기할 만한 친구), "어깨동무"(상대방의 어깨에 서로 팔을 얹고 나란히 서는 것) 같은 다른 말에서만 그 흔적이 남아 있다. ② 왜 동무라는 말이 없어졌을까? ③ 그 이유는 남북한으로 나뉜 후 북한에서 동무라는 말을 사회주의 혁명을 위해 함께 싸우는 사람이라는 뜻으로 정치적, 이념적으로 사용하게 되면서 남한에서는 이 말을 안 쓰게 된 것이다. ④

정감있다 to be amiable 나란히 side by side 흔적 trace 이념적 ideological 사회주의 혁명 socialist revolution

---

1. 다음 문장이 들어가기에 가장 적당한 위치는 어디입니까?

이처럼 정치적, 이념적인 이유로 흔히 쓰이던 단어가 안 쓰이게 되기도 한다.

　㉠ ①　　　　　　　　㉡ ②　　　　　　　　㉢ ③　　　　　　　　㉣ ④

2. 윗글의 내용과 일치하는 것을 고르세요.

　㉠ 동무라는 말은 예전부터 북한에서만 쓰던 말이다.
　㉡ 북한에서는 동무와 친구가 같은 뜻으로 쓰이고 있다.
　㉢ 남북한이 나뉜 이후에 남한에서는 동무라는 말을 안 쓰게 되었다.
　㉣ 남한에서는 친구라는 말이 정치적, 이념적인 말이 되었다.

E. 다음 질문에 대해서 조사해 보고 같이 이야기해 봅시다.

1. 미국 사람들은 북한을 어떤 나라라고 알고 있는지 알아봅시다.

2. 미국과 북한 사이에는 어떤 문제들이 있는지 알아봅시다.

3. 교과서에 나오지 않은 북한 말들로 어떤 것들이 있는지 알아봅시다.

4. 남북한이 통일이 되기 위해서는 어떤 것들이 해결되어야 합니까?

5. 통일 이후에 북한에 여행을 간다면 어디에 가 보고 싶습니까?

6. 6·25전쟁에 참전한 나라들은 어떤 나라들이었는지 알아봅시다.

7. 6·25전쟁 중 미국이 입은 피해에 대해 알아봅시다.

한국의 주거 문화

Housing in Korea

대화

A. 어울리는 표현끼리 연결하세요.

1. 말 •		• 내다
2. 눈치 •		• 보이다
3. 군대 •		• 걸다
4. 전세 •		• 맞다
5. 수도세 •		• 가다
6. 성격 •		• 살다

B. 밑줄 친 표현과 바꿔 쓸 수 있는 표현을 고르세요.

1. 가: 너 집 주소 좀 알려 줄래?
   나: 내가 나중에 문자 보낼게.

   ㉠ 읽을게   ㉡ 할게   ㉢ 던질게   ㉣ 쏠게

2. 마음에 드는 룸메이트를 구하는 게 어려워서 그냥 혼자 살려고 해요.

   ㉠ 만드는 게   ㉡ 사는 게   ㉢ 소개하는 게   ㉣ 찾는 게

3. 이번에 아파트에서 기숙사로 <u>이사할 건데</u> 도와줄 수 있어요?

　　㉠ 움직일 건데　　　㉡ 다닐 건데　　　㉢ 나갈 건데　　　㉣ 옮길 건데

4. 이 호텔은 아침 식사가 <u>포함되어</u> 있어서 비싼 편이 아니에요.

　　㉠ 들어가　　　㉡ 물어봐　　　㉢ 나누어　　　㉣ 넣어

5. 다음 주에 시간 <u>되면</u> 같이 점심 먹자.

　　㉠ 주면　　　㉡ 만나면　　　㉢ 보내면　　　㉣ 나면

C. '~다 못해'를 사용하여 다음 문장을 한국어로 바꾸세요.

1. Unable to wait for my friend any longer, I just came back home.

　　_____ 저는 그냥 집으로 돌아왔어요.

2. Unable to endure the stress of school, I quit school.

　　_____ 학교를 그만뒀어요.

3. Unable to stand the summer heat, I ended up buying the air-conditioner.

　　_____ 저는 에어컨을 사 버렸어요.

D. 다음 문맥에 맞게 '잘못'을 사용하여 문장을 완성하세요.

1. 점원이 음식 값을 **잘못** 계산해서 원래 가격보다 돈을 더 많이 냈다.

2. 전화를 _____ 모르는 사람이 받아서 당황했다.

3. 상한 음식을 _____ 배가 많이 아프고 속이 안 좋았다.

4. 한국어를 배우는 학생들이 '만나요'와 '많아요'를 _____ 는 경우가 있다.

5. '갈 거예요'의 철자를 '갈 거에요'라고 _____ 는 사람들이 있다.

E. '~느니 차라리'를 사용하여 상황에 맞도록 대화를 완성하세요.

1. 가: 우리 봄방학 때 같이 유럽에 놀러 가자.

   나: 요즘 숙제 때문에 잠도 못 자고 너무 힘들어. 유럽에 가느니 차라리 잠이나 실컷 자겠다.

2. 가: 오늘 저녁은 간단히 맥도날드에서 먹는 게 어때요?

   나: _____

3. 가: 내가 이번에 알바 해서 1,000달러 받았거든. 그래서 스마트폰을 바꾸려고 해.

   나: _____

4. 가: 다음 학기에 저하고 같이 한국어 수업 들을래요?

   나: _____

5. 가: 다음 학기에 나하고 룸메이트 안 할래?

   나: _____

F.   '~ 지경이다'를 사용하여 다음 문장을 완성하세요.

1.   요즘 해야 할 일이 많아서 <u>죽을 **지경이에요**</u>.

2.   세 달째 집세를 못 내서 _____

3.   공부를 열심히 했는데도 시험이 너무 어려워서 _____

4.   어제 프로젝트 끝내느라고 잠을 못 자서 지금 _____

5.   신디가 유명한 회사에 취직했다는 소식을 들으니까 부러워서 _____

G.   '~으면 하다'를 사용하여 다음 문장을 한국어로 바꾸세요.

1.   I wish you to know that you were wrong.

<u>나는 네가 잘못했다는 것을 알았**으면 해**</u>.

2.   My mother wishes that I receive a scholarship this semester.

_____

3.   I wish you would not lie like that.

_____

4.   I should be grateful if you would tell Professor Kim for me.

_____

5. My parents wish me to be happy.

_____

H. 어떤 상황에 대해 추측하는 표현 '~ㄹ걸(요)'를 사용해서 다음 질문에 답하세요.

1. 가: 미국에서 제일 비싼 땅은 어디예요?

   나: <u>뉴욕일걸요</u>.

2. 가: 요즘 가장 재미있는 TV 프로그램은 뭐예요?

   나: _____

3. 가: 올해 집을 사는 건 어떨까?

   나: _____

4. 가: 내년에 한국에서 1년 정도 공부하려고 하는데 괜찮을까요?

   나: _____

5. 가: 민준이는 어떤 성격인지 알아?

   나: _____

I. '~다니까/라니까'를 사용하여 다음 질문에 대답하세요.

    1. 가: 그 가방 얼마예요?

        나: 나도 모른다니까! 어제도 얘기했잖아.

    2. 가: 요즘 어떻게 지내니?

        나: _____

    3. 가: 다음 주에 한국어 시험이 있나요?

        나: _____

    4. 가: 미안, 나 아직도 숙제를 못 해서 오늘 파티에 못 가.

        나: _____

    5. 가: 오늘 늦잠을 자서 수업에 못 갔어요.

        나: _____

J. '일단'을 사용하여 다음 상황에 어울리는 의견을 써 보세요.

    1. 가: 지윤이 생일 파티 어떻게 할까?

        나: 일단, 한국어 반 사람들에게 초대 메시지를 보내서 몇 명이 모일 수 있는지 확인하자.

    2. 가: 졸업하자마자 가장 먼저 하고 싶은 게 뭐예요?

        나: _____

3. 가: 오늘 저녁 집들이 음식을 뭘로 하면 좋을까요?

   나: _____

4. 가: 이번 시험 끝나면 가장 먼저 하고 싶은 게 뭐냐?

   나: _____

5. 가: 라면을 끓이려는데 뭐부터 하면 되는 거야?

   나: _____

K. 대화를 듣고 질문에 답하세요. 🎧

1. 대화가 끝나자마자 남자가 할 행동은 무엇입니까?

   ㉠ 혼자 점심을 먹으러 간다.
   ㉡ 여자 대신 점심 메뉴를 고른다.
   ㉢ 여자를 기다린다.
   ㉣ 점심을 사 가지고 온다.

L. 대화를 듣고 질문에 답하세요. 🎧

1. 여자의 고민은 무엇입니까?

   ㉠ 룸메이트가 게임을 너무 많이 해서 걱정이다.
   ㉡ 생활 패턴이 룸메이트와 맞지 않는다.
   ㉢ 성격이 룸메이트와 반대라서 불편하다.
   ㉣ 룸메이트와 대화하기가 힘들다.

2. 남자의 조언은 무엇입니까?

　　⊙ 룸메이트하고 얘기를 해 봐라.

　　ⓛ 가능하면 룸메이트를 바꿔라.

　　ⓒ 까다로운 성격을 조금 고쳐라.

　　ⓔ 상대방 입장을 이해해라.

M. 여러분이 지금 살고 있는 집을 어떻게 찾았는지 그 과정을 설명해 보세요.

집세가 비싸서 저는 룸메이트가 꼭 필요했습니다. 다행히 학교에 저 같은 학생들을 위해 만든 웹사이트가 있어서 거기에서 룸메이트를 찾는 광고를 봤습니다. 세 명한테 연락을 했는데 첫 번째 연락한 곳은 반려동물이 있어서 제가 거절했습니다. 두 번째 연락한 곳은 학교까지 걸어서 다니기에 멀었습니다. 세 번째 연락한 곳은 방도 깨끗하고 룸메이트도 성격이 밝아서 저하고 잘 맞을 것 같아서 같이 살게 되었습니다.

N. 여러분이 집을 구할 경우, 집주인이나 부동산에 어떤 질문을 할지 정리해 보세요.

1. <u>집 근처에 전철역이나 버스 정류장이 있습니까?</u>

2. _____

3. _____

4. _____

5. _____

6. _____

7. _____

8. _____

9. _____

O. 여러분이 살고 싶은 방이나 집을 그리고 자세히 묘사해 보세요.

읽기

A. 어울리는 표현끼리 연결하세요.

1. 로또 ●		● 두다
2. 규모 ●		● 저축하다
3. 시험 ●		● 만료되다
4. 의미 ●		● 준비하다
5. 수입 ●		● 당첨되다
6. 기간 ●		● 작다

B. 밑줄 친 표현과 바꿔 쓸 수 있는 단어를 고르세요.

1. 이 브랜드의 테이블은 다른 브랜드의 것에 비해 가격이 <u>저렴한</u> 편이에요.

  ㉠ 적은   ㉡ 싼   ㉢ 적당한   ㉣ 정직한

2. 3월 10일에 이 프로젝트의 계약이 <u>만료됩니다</u>.

  ㉠ 없어집니다   ㉡ 마련됩니다   ㉢ 가능합니다   ㉣ 끝납니다

3. 10년간 일해서 <u>저축한</u> 돈으로 집을 사게 되었습니다.

  ㉠ 모은   ㉡ 만든   ㉢ 머문   ㉣ 갖춘

4. 이 지역은 상점, 은행, 학원 등 주요 편의 시설들이 <u>밀집해</u> 있어서 항상 사람들로 붐벼요.

  ㉠ 인기를 끌고   ㉡ 같이 모여   ㉢ 함께 쓰고   ㉣ 구성되어

5. 우리 아파트는 교통이 편리한 곳에 위치해서 차를 <u>가지고 있는</u> 사람들이 많지 않아요.

    ㉠ 소유한   ㉡ 마련한   ㉢ 준비한   ㉣ 계약한

6. 우리 아파트 단지에는 휴식과 쇼핑을 <u>겸할 수</u> 있는 문화 공간이 필요합니다.

    ㉠ 구성할 수   ㉡ 쉽게 할 수   ㉢ 보편화할 수   ㉣ 같이 할 수

C. '~게도'를 사용하여 문맥에 맞게 문장을 완성하세요.

1. 나는 오늘 운전하다가 사고를 냈는데 <u>공교롭게도 경찰 차에 부딪쳤다.</u>

2. 민지는 내가 가장 힘들 때에 _____ 돈을 빌려주었어요.

3. 오늘 민지하고 함께 골프를 치기로 했는데 _____ 비가 왔어요.

4. 민호와 유미는 성격 차이로 _____ 결혼한 지 1년 만에 이혼했어요.

5. _____ 아무리 열심히 노력해도 되지 않는 것들이 있습니다.

6. 제 방 위층에는 아무도 살지 않는데 _____ 밤에는 사람 소리가 들려요.

D. '~만 못하다'를 사용하여 주어진 문장과 같은 뜻으로 만들어 보세요.

1. 스티브는 민지보다 춤을 잘 춰요.

    <u>민지는 춤이 스티브만 못해요.</u>

2. 제 동생은 저보다 요리를 잘해요.

    _____

3. 이번 학기 성적은 지난 학기 성적보다 안 좋아요.

_____

4. 야구는 텍사스 레인저스보다 보스턴 레드삭스가 더 잘하는 것 같아요.

_____

5. 학교 식당 음식은 우리 엄마 음식보다 맛없어요.

_____

6. 이 영화는 원작 소설보다 재미없게 만들어졌어요.

_____

E. '~에 해당하다'를 사용하여 문장을 만들어 보세요.

1. 한국의 원룸은 <u>미국의 스튜디오에 해당한다.</u>

2. 한국의 만두는 _____

3. 조선 시대 과거 시험은 지금의 _____

4. 한국의 추석은 _____

5. 스마트폰은 옛날이라면 _____

F. 다음 글을 읽고 질문에 답하세요.

한국은 '아파트 공화국'이라고 불릴 정도로 아파트가 보편화되어 있고 밀집되어 단지로
구성되어 있다. 이것은 한국이 다른 나라에 비해 인구밀도가 높아서 단독주택보다는 아파트
같은 공동주택이 필요했기 때문이다. 게다가 아파트는 단지를 중심으로 상점, 병원, 은행, 학원,
문화센터 등 다양한 편의 시설이 모여 있기 때문에 생활하기 편하다는 점도 있다. 또한 아파트는
경제적인 이유로 인기를 끌었다. 왜냐하면 한국의 경제 발전과 함께 아파트 값이 많이 올랐는데
상대적으로 다른 주택은 가격이 덜 올랐기 때문이다. 그런데 점점 아파트 인기가 예전만
못하다고 한다.

---

1. 윗글의 제목을 만들어 보세요.

   _____

2. 윗글의 내용과 일치하지 않는 것을 고르세요.

   ㉠ 요즘 아파트의 인기는 예전에 비하면 덜한 편이다.
   ㉡ 아파트 가격 상승은 한국 경제 발전에 도움이 되었다.
   ㉢ 아파트 근처에는 생활에 필요한 편의 시설이 잘 갖추어져 있다.
   ㉣ 좁은 땅에 많은 사람이 살아야 하기 때문에 아파트가 필요했다.

G. 다음 설명에 맞는 단어를 찾아 넣으세요.

| 고시원 | 아파트 | 오피스텔 | 원룸 | 월세 | 전세 | 주상복합 |

---

1. 주거 공간과 상업 공간이 복합된 형태로 주로 초고층 아파트가 많다. _____

2. 방 안에 욕실과 부엌이 다 갖추어져 있는데 미국의 스튜디오에 해당한다. _____

3. 원룸보다는 규모가 작아 화장실이나 욕실을 공동으로 사용하는 경우도 있고 수험생들이 선호한다.

      _____

4. 목돈을 내고 일정 기간을 계약해서 집을 빌리고 계약 기간이 끝나면 이 돈을 모두 돌려받을 수 있다.

      _____

5. 일을 하면서 거주도 할 수 있는 주거 형태로 오피스와 호텔을 합쳐 만든 단어이다. _____

H. 아파트에 살 것인지, 주택에 살 것인지 고민해야 하는 경우가 있습니다. 어느 쪽이 나에게 잘 맞는 이상적인 집이 될 수 있는지 각각의 장단점을 비교해서 써 보세요.

	아파트	단독주택
장점	• • • • •	• 다양한 활동이 가능한 야외 공간 • • • •
단점	• 층간 소음으로 이웃 간의 불화 • • • •	• • • • •

종합 활동

A. 빈칸에 알맞은 조사를 넣으세요.

1. 한국의 아파트는 밀집되어 단지_____ 구성되어 있다.

2. 편의 시설이 아파트 단지_____ 위치하고 있어 편리하다.

3. 한국의 아파트는 미국의 콘도미니엄_____ 가깝다.

4. 현실적_____ 젊은 세대는 열심히 일해도 집을 사는 게 쉽지 않다.

5. 저는 욕실과 화장실 문제 때문에 얼마 전에 룸메이트_____ 싸웠어요.

6. 이번 학기 끝나면 부모님 집에서 기숙사_____ 이사할 거예요.

7. 이 아파트는 깨끗하고 임대료도 저렴해서 젊은 사람들_____ 인기가 많아요.

B. 주어진 표현들을 함께 사용하여 대화를 만들어 보세요.

1. **~ 지경이다   ~다 못해**

가: 왜 요즘 수빈 씨랑 같이 안 다녀요?

나: 성격이 안 맞아서 참**다 못해** 제가 얼마 전에 화를 냈어요.

가: 에휴, 룸메이트랑 성격이 안 맞으면 정말 미칠 **지경이지요.**

2. ~게도   ~으면 하다

가: 오늘 행사는 취소됐습니다.

나: _____

가: _____

3. ~(으)ㄹ걸(요)   ~다니까(요)

가: 민준이 어디 갔니? 요즘 안 보이는데…

나: _____

가: _____

4. 잘못 ~   일단

가: 무슨 일 있나요?

나: _____

가: _____

5. ~만 못하다   ~느니 차라리

가: 학교 앞에 새로 생긴 식당 어때요?

나: _____

가: _____

C. 다음 중 하나를 골라 여러분의 경험에 대해 어떤 일이 있었는지 자세히 이야기해 보세요.

1. 버스나 기차를 **잘못** 타서 고생한 경험

2. 집주인이나 룸메이트를 **잘못** 만나서 고생한 경험

3. 친구를 **잘못** 사귀어서 내 인생에 나쁜 영향을 받은 경험

4. 한국어나 영어 발음을 **잘못** 해서 실수한 경험

5. 물건을 **잘못** 사서 후회한 경험

버스를 **잘못** 탄 경험:

저는 서울에서 춘천을 가려고 버스를 탔어요. 보통 한 시간 정도 걸리는데 한 시간이 넘어도 안 도착해서 저는 그냥 차가 많이 밀린다고 생각했어요. 그런데 두 시간쯤 지나자 갑자기 바다가 보이기 시작했어요. 춘천 가는 길에는 바다가 없거든요. 그래서 뭔가 이상한 것 같아서 버스 기사님께 여쭈어 봤더니 속초에 가는 버스를 탔더라고요. 깜짝 놀라 일단은 속초까지 가서 혼자 점심을 먹고 속초에서 춘천까지 오는 버스를 타고 다시 왔어요. 버스를 **잘못** 타서 정말 큰일 날 뻔했어요.

_____

_____

_____

_____

_____

_____

D. 다음 상황 중 하나를 골라 주어진 표현을 사용하여 여러분의 경험을 써 보세요.

~다 못해

1. 가장 크게 화를 낸 경험
2. 많이 노력하다가 결국 포기하거나 그만둔 경험

_____

_____

~(으)면 하다

1. 앞으로 사귈 사람에게 바라는 점
2. 선생님에게 바라는 점
3. 부모님이 나에게 바라는 점

_____

_____

~게도

1. 여러분이 최근에 들은 안타까운 뉴스
2. 지금까지 살면서 누군가에게 가장 고맙거나 미안한 일

_____

_____

E. 다음 한국의 풍수 인테리어를 참고하여 집 안을 그려 보세요.

- 침실은 아침에 햇살이 드는 방이 좋고 꽃을 두면 애정 운이 상승한다.
- 소파는 앉은 사람에게 현관이 안 보이는 곳에 두어야 한다.
- 현관은 항상 깨끗해야 하고 풍경(wind chime)을 달아 두면 좋다.
- 아이들의 방에는 화사한 꽃무늬 커튼을 달아 두면 좋다.
- 집 안에 자연을 그린 풍경화를 걸어 두면 좋은 기운이 상승한다.
- 작은 실내 분수나 어항이 있으면 재물 운이 좋아진다.
- 거실은 집 안의 중심이므로 노란색이나 황금색같이 밝은색으로 꾸며야 한다.

F. 다음 광고를 보고 마음에 드는 방을 하나 고르고 그 이유를 설명해 보세요.

Utopia 아파트 전세

★ 전세 1억   ★ 13층, 전망 좋음

★ 24평: 방 2개, 욕실 1개   ★ 지하철 용산역까지 도보로 10분

★ 마트, 세탁소, 은행 근처   ★ 주차장 무료

럭셔리 원룸

• 보증금 500만 원, 월세 50만 원
• 관리비 포함
• 12평
• 인터넷, 에어컨 완비
• 1층 세탁실 공용

저는 _____ 이/가 낫다고 생각합니다.

왜냐하면 첫째, 가격을 비교하면

_____

둘째, _____ 을/를 고려하면

_____

셋째, _____ 의 경우,

_____

G. 뉴스를 듣고 질문에 답하세요. 🎧

1. 뉴스 내용과 일치하면 ○, 다르면 X에 표시하세요.

    가. 대학의 기숙사가 부족하다.   ○   X
    나. 대학 주변 아파트 임대료가 비싸졌다.   ○   X
    다. 오피스텔은 학생들에게 인기가 없다.   ○   X
    라. 하우스 셰어링의 인기가 상승하고 있다.   ○   X

H. 다음 글을 읽고 질문에 답하세요.

기숙사 vs 하숙 vs 원룸

대학교 기숙사는 학생들에게 가장 인기가 많은 곳이다. 왜냐하면 원룸은 물론이고 하숙보다 월세가 저렴하고 관리비도 들지 않기 때문이다. 가장 큰 장점은 학교와 가까워 편리하고 학교 시설을 저렴하고 쉽게 이용할 수 있어 생활비를 절약할 수 있다는 것이다. 그러나 통금 시간이나 생활 수칙 등이 있어서 생활이 관리된다는 단점이 있다.

　예전에는 하숙 생활이 보통이었는데, 기숙사보다는 덜 엄격하고 정해진 시간마다 집밥을 먹을 수 있다. 월세에 밥값과 공과금이 포함되어 있어 기숙사보다는 조금 비싼 편이다. 그리고 화장실과 욕실을 나눠 써야 해서 아침에 바쁜 시간대에 불편할 수 있다.

　개인의 사생활을 중시하는 학생이라면 원룸이나 아파트에서 혼자 자유롭게 살 수 있다. 이것을 자취라고 하는데 요리가 가능하고 통금 시간도 없고 친구를 초대할 수도 있다. 반면 자취의 최대 단점은 비싸다는 것이다. 월세도 비싸지만 음식 재료, 세탁 비용, 쓰레기 봉투 등 여러 가지 비용이 지출된다. 또한 혼자 살기 때문에 자기 관리가 어려운 점이 단점이다.

수칙 regulation 공과금 utility bill

---

1. 원룸이나 아파트가 기숙사에 비해서 좋은 점은 무엇입니까?

　_____

2. 기숙사의 단점은 무엇입니까?

　_____

3. 여러분이 선호하는 곳과 그 이유를 쓰세요.

　_____

I. 다음 글을 읽고 질문에 답하세요.

> 한국에는 전국적으로 많은 ㉠ 아파트 브랜드명이 사용되고 있다. 특히 단지의 이름은 아파트의 첫 이미지로서 아파트의 특징까지 설명할 수 있기 때문에 건설 회사들은 ㉡ 신조어까지 만들 정도로 아파트 단지 이름을 만드는 데 많은 노력을 한다.

1. ㉠ 한국 아파트 브랜드명을 다섯 가지 찾아 보세요.

   자이, 롯데캐슬, e-편한세상 … _____

   _____

2. 단어가 결합된 ㉡ 신조어로 된 아파트 단지의 이름을 찾아 보고 그 의미를 써 보세요.

   평촌 어바인 퍼스트: 도시를 뜻하는 어번(Urban)과 포도나무와 풍요를 의미하는 바인(Vine)

   • _____

   _____

   • _____

   _____

J. 집의 의미와 가치, 역할과 기능, 집의 존재 이유 등을 생각해 보고, '행복한 집'이란 무엇인지 한 문단
    정도의 글을 써 보세요.

_____

_____

_____

_____

_____

_____

_____

한국의 풍습과 미신
Customs and Superstitions of Korea

대화

A. 다음 단어 중에서 적당한 것을 골라 문장을 완성하세요.

복	불행	운	운수	재수	행운

1. 이번 여행은 _____ 이/가 따라 줘서 날씨가 계속 좋았다.

2. 한국에서는 까마귀가 울면 _____ 없는 일이 생긴다고들 한다.

3. 오늘 회사 면접 시험이 있는데 _____ 을/를 빌어 주세요.

4. 민준 씨는 하는 사업마다 성공하던데 아마 돈 _____ 을/를 타고난 것 같아요.

5. 새해 아침이 밝았습니다. 새해에도 _____ 대통하시길 바랍니다.

6. 어제 교통사고가 나서 차가 많이 망가졌지만 _____ 중 다행으로 사람은 다치지 않았다.

B. 다음 단어 중에서 적당한 것을 골라 문장을 완성하세요.

| 달아나다 | 방지하다 | 불다 | 어긋나다 | 키우다 |

1. 한국에서는 식사할 때 밥그릇을 들고 먹으면 예의에 _____.

2. 한국에서는 다리를 떨면 복이 _____는 미신이 있다.

3. 요즘은 반려동물로 개와 고양이뿐만 아니라 햄스터, 이구아나 등 다양한 동물들을 집에서
    _____고 한다.

4. 정부는 요즘 많이 일어나는 사이버 범죄를 _____ 위해 관련 법규를 개정하였다.

5. 한국에서는 밤에 휘파람을 _____ 뱀이나 귀신이 나온다는 말이 있다.

C. 다음은 어렵고 힘든 일들을 다 해낸 상황들입니다. '~어/아 내다'를 사용해서 문장을 완성해 보세요.

1. 가: 민준 씨가 회사에 취직을 했대요!

    나: 그래요? 지난 1년 동안 여러 군데 지원을 하더니 마침내 <u>해냈네요</u>!

    가: 그러게요. 정말 잘 됐어요.

2. 가: 이 책은 이해하기 어려웠지만 결국 _____

    나: 정말 잘 했어요!

3. 가: 처음에는 이 문제의 답을 찾지 못했지만 나중에 결국 _____

    나: 정말 잘 했어요!

4. 학기 말에 바빴지만 결국 페이퍼를 마감일까지 _____

5. 청년들의 취업 성공기: "열정과 노력으로 _____ "

D. '~(으)려는/(으)려던 참이다'를 사용해서 다음 문장을 완성하세요.

1. 가: 내일 약속을 못 지킬 것 같은데 어떻게 하지요?

   나: 괜찮아요. 나도 바쁜 일이 있어서 <u>약속 못 지킨다고 전화하려던 참이에요.</u>

2. 가: 11과 문법을 다 이해했어요?

   나: 아니요, 잘 몰라서 _____

3. 가: 스티브 씨 전화번호를 아세요?

   나: 아니요, 저도 몰라서 _____

4. 가: 한국어 반 친구들 이름을 다 외우고 있어요?

   나: 아니요, 다 못 외워서 _____

5. 가: 봄방학에 같이 여행 가지 않을래요?

   나: 좋지요. 그렇지 않아도 _____

E. '어쩐지 ~더라니(까)'를 사용해서 다음 문장을 완성하세요.

1. 가: 소식 들었어요? 민지 씨가 한국 대학교에서 장학금을 받게 되었대요.

   나: **어쩐지** 민지 씨가 너무 행복해 보이**더라니까요**. 그런 좋은 소식이 있었군요.

2. 가: 스티브가 중간고사에서 100점을 받았대요.

   나: _____

3. 가: 그거 마셨어요? 그거 물이 아니라 술인데요.

   나: _____

4. 딸: 엄마, 오늘 운전하다가 사고 났어요.

   엄마: _____. 결국 안 좋은 일이 생기는구나.

5. 가: 오늘 시카고 대학하고 우리 학교가 농구 시합을 한다는데 재미있을 것 같아.

   나: _____. 다들 시합 보러 가는 차들이었구나.

F. '~지 말라고 하다'를 사용해서 여러분이 알고 있는 미신을 두 가지 이상 말해 보세요. 왜 그런 미신이 생겼는지 이유도 생각해서 말해 보세요.

1. 한국에서는 빨간색으로 이름을 쓰**지 말라고 했어요**. 장례식에서 죽은 사람의 이름을 빨간색으로 쓰기 때문에 이런 미신이 생긴 것 같아요.

2. _____

   _____

3. _____

_____

G. 대화를 듣고 대화에 나온 한국 미신 두 가지를 말해 보세요. 🎧

1. _____

2. _____

H. 여러분이 알고 있는 세계 여러 나라 미신들을 서로 이야기하고 그중에 가장 재미있다고 생각되는 미신을
뽑아 소개해 보세요.

_____

_____

_____

_____

_____

_____

_____

_____

읽기

A. 빈칸에 알맞은 말을 찾아서 맞게 활용해서 써 보세요.

곤란하다	신성하다	오해하다	주의하다	확인하다

1. 20살 미만 청소년들에게 술이나 담배를 판매하는 것은 불법이기 때문에 마트에서는 신분증을 _____ 술이나 담배를 판매한다.

2. 한국에서는 국화가 장례식에 쓰이는 꽃이기 때문에 한국 사람에게 흰색 국화를 선물로 주면 _____.

3. 유진 씨는 한국 사람이지만 중국에서 중고등학교를 다녔고 중국어를 잘해서 그런지 많은 사람들이 중국 사람이라고 _____.

4. 비가 오는 날 길이 미끄러워서 교통사고가 더 많이 나기 쉽기 때문에 운전할 때 _____.

5. 인도에서는 소를 _____고 생각하기 때문에 소고기를 먹지 않는다고 한다.

B. 빈칸에 알맞은 말을 찾아서 쓰세요

관습	상대방	손수건	스승의날	어버이날	장례식

1. 몸에 지니고 다니며 쓰는 얇고 작은 수건: _____

2. 사람이 죽었을 때 지내는 의식: _____

3. 낳아 주시고 길러 주신 아버지와 어머니의 사랑을 기념하는 날: _____

4. 가르쳐 주신 분에 대한 은혜를 기념하기 위하여 정한 날: _____

5. 어떤 일이나 말을 할 때 다른 편에서 짝을 이루는 사람: _____

6. 어떤 사회에서 오랫동안 지켜 내려와 널리 행해지는 질서나 행위: _____

C. '~을/를 끼치다'를 사용해서 다음 상황에 맞는 문장을 만들어 보세요.

1. 한류 덕분에 미국 대학교에서 한국어를 듣는 학생의 수가 늘어서 한국어 프로그램이 점점 커지고 있다고 한다.

   → 한류가 <u>미국 대학교 한국어 프로그램에 좋은 영향을 **끼치고** 있다.</u>

2. 지금 학교 캠퍼스 동쪽 비즈니스 빌딩에서 공사 중이기 때문에 그 빌딩을 지나갈 때 조심해야 한다.

   → 비즈니스 빌딩 공사가 학생들에게 _____

3. 동수는 부모님과 같이 사는데 집에 늦게까지 안 들어올 때가 많다고 한다.

   → 동수가 부모님께 _____

4. 민준 씨는 꾸준히 매일 아침 1시간씩 운동을 했더니 건강해지고 뱃살도 많이 빠졌어요.

   → 운동이 민준 씨에게 _____

5. 어떤 사람이 기차 안에서 큰 소리로 오랫동안 전화를 했다.

   → 이 사람은 기차 안 다른 승객들에게 _____

D. '말할 것도 없다/없이'를 사용하여 다음 유명한 것들에 대해 말해 보세요.

1. 제일 인기 있는 케이팝 그룹:

   지금 전 세계에서 제일 인기 있는 케이팝 그룹은 **말할 것도 없이** BTS이지요.

2. 세계에서 제일 높은 산:

   _____

3. 세계적으로 유명한 놀이공원:

   _____

4. 세계 최고의 대학교:

   _____

5. 가장 취직하고 싶은 회사:

   _____

E. 다음 상황에서 어떤 것을 선호하는지 '기왕이면/이왕이면'을 사용해서 답하세요.

1. 가: 봄방학에 어디로 여행을 가는 게 좋을까요?

   나: **기왕이면** 여기서 가깝고 경치도 좋은 곳으로 가면 좋겠어요.

2. 가: 어떤 외국어 수업을 듣는 게 좋을까요?

   나: _____

3. 가: 기숙사에서 나가야 돼서 지금 아파트를 구하고 있는데 어떤 아파트가 좋을까요?

   나: _____

4. 가: 어떤 룸메이트를 찾고 있어요?

   나: _____

5. 가: 졸업하고 나서 어떤 회사에 취직하고 싶으세요?

   나: _____

F. 다음 상황에서 어떤 결과가 생기는지 경고해 보세요.

1. 그렇게 공부를 안 하고 놀기만 하**다가는** 졸업하기 힘들 거예요.

2. 운전 중에 핸드폰을 하**다가는** _____

3. 한국에서 연인에게 신발을 선물했**다가는** _____

4. 환경을 생각하지 않고 계속 쓰레기를 버리**다가는** _____

5. 겨울에 춥다고 운동을 안 하**다가는** _____

G. 다음 글을 읽고 질문에 답하세요.

중국에서는 죽음과 관련된 괘종시계는 선물해서는 안 된다. '괘종시계'라는 단어에는 '장례식'의 뜻이 내포되어 있다고 한다. 그리고 흰색, 검은색, 파란색이 많이 들어간 물건도 금물이다.

중국인들은 선물을 받기 전에 세 번 정도 거절을 한 다음에 선물을 받는다고 한다. 그래서 세 번 이상 계속 선물을 권해야 한다. 그리고 현금을 줄 때 축의금과 선물은 짝수로, 부의금은 홀수의 금액으로 주어야 한다.

일본인들에게는 죽음을 상징하는 흰색과 숫자 4와 관련된 선물은 좋지 않고 독일인은 포장한 꽃을 좋아하지 않고, 특히 꽃일 경우 홀수로 선물한다. 또한 비즈니스일 경우 값비싼 선물은 뇌물로 생각할 수 있기 때문에 주의해야 한다.

괘종시계 grandfather clock 축의금 money gift for happy occasions 부의금 condolence money 뇌물 bribe

---

1. 윗글의 제목으로 적당한 말을 써 보세요.

_____

2. 글의 내용과 맞으면 ○, 틀리면 X에 표시하세요.

가. 중국에서 괘종시계를 선물하지 않는 이유는 죽음의 뜻과 관련됐기 때문이다.   ○   X

나. 중국인들은 선물을 주면 바로 받는다고 한다.   ○   X

다. 일본인들에게 흰색 선물은 금물이다.   ○   X

라. 독일에서 꽃을 선물할 때 꼭 포장을 해서 줘야 한다.   ○   X

3. 중국, 일본, 독일에서 선물할 때 주의할 점들을 '~은/는 금물이다'를 사용하여 다시 써 보세요.

　　가. 중국: 중국에서 괘종시계를 선물하는 것은 금물이다.

　　나. 일본: _____

　　다. 독일: _____

H. 여러분 나라에서 특별한 선물을 하는 경우는 어떤 경우들이 있습니까? 왜 그런 풍습이 생겼는지 이유도 써 보세요.

한국에서는 보통 새집으로 이사를 가거나 특히 신혼부부가 집들이할 때 꼭 사 가는 선물들이 몇 가지 있는데 화장지나 세제와 같은 선물을 사 간다. 화장지를 선물하는 이유는 새로 이사 간 집에서 화장지처럼 모든 일들이 잘 풀리라는 뜻이 있기 때문이다. 그리고 세제에서 나오는 비누 거품처럼 크게 번성하라는 뜻에서 세제를 선물하는 것이다.

_____

_____

_____

_____

_____

_____

종합 활동

A. 함께 쓰이는 단어들끼리 연결해서 써 보세요.

1. 다리(를)	• 어긋나다	_____
2. 마음(을)	• 담기다	_____
3. 선물(을)	• 주고받다	_____
4. 영향(을)	• 전하다	_____
5. 예의(에)	• 끼치다	_____
6. 의미(가)	• 떨다	다리를 떨다
7. 장례식(을)	• 치르다	_____

B. 다음 문법 표현 중 가장 적당한 표현을 사용하여 대화를 완성하세요.

~었으면/았으면 하다	~(으)ㄹ 지경이다	~지 말라고 하다	~어/아 내다
~(으)ㄹ걸(요)	어쩐지 ~더라니	~다가는	~(으)려던 참

1. 가: 김 선생님께서 우리 학교에서 한국어를 가르치신 지 얼마나 됐지?

   나: 글쎄, 정확하게는 모르겠지만 아마 _____

2. (지윤은 민준과 도서관에서 같이 공부하기로 했는데 민준이 오지 않아서 민준에게 전화를 한다.)

    지윤: 여보세요? 민준아, 기다리고 있는데 왜 안 와?

    민준: _____ . 조금만 기다려.

3. 패스트푸드를 많이 먹지 마세요. _____ 건강이 나빠질 수 있어요.

4. 가: 요즘 힘들거나 고민되는 것들이 있나요?

    나: _____

5. 선생님: 혹시 여러분들이 한국에 살면서 알게 된 한국 미신이 있나요?

    학생: _____

6. 가: 많은 서양 사람들이 거울을 깨면 7년 동안 재수가 없다고 생각해요.

    나: 정말요? 얼마 전에 거울을 하나 깨뜨렸는데 _____

7. 가: 졸업하고 대학원을 가야 할지 취직을 해야 할지 고민이에요.

    나: 부모님과 상의해 보셨어요? 부모님께서는 어떻게 생각하시나요?

    가: _____

8. 현우: 민준 씨, 졸업을 축하해요. 지난 4년 동안 힘들었지요?

    민준: 네, 대학 생활 하면서 여러 가지 어려움도 많았지만 마침내 _____ 정말 기뻐요.

    현우: 다시 한번 축하해요!

C. 다음 문법 표현 중 가장 적당한 표현을 사용하여 대화를 완성하세요.

~은/는 금물이다	~에 해당하다	안타깝게도	기왕이면/이왕이면
~만 못하다	말할 것도 없이/없다	~느니 (차라리)	

1. 가: 어제 뉴스에 학교 근처에서 교통사고 났다는 소식 들었어?

    나: 아니, 못 들었는데 사고가 크게 났어?

    가: _____

2. 가: 여러분 나라에서 선물할 때 주의해야 할 점이 있나요?

    나: _____

3. 미국과 비교해 보면 한국의 '추석'은 _____

4. 할머니와 할아버지께서 이제 연세가 많으셔서 건강이 _____

5. (지윤은 맥도날드 햄버거를 싫어한다.)
    민지: 오늘 저녁은 간단히 맥도날드에서 먹는 게 어때요?

    지윤: _____

6. 가: 한국에서 가장 큰 도시가 어디인가요?

    나: _____

7. 마크: 저는 이번 여름방학에는 유럽으로 여행을 가 보고 싶어요. 현우 씨도 여행 좋아하시죠?

현우: 네, 저도 방학이 되면 여행을 가고 싶네요.

마크: 현우 씨는 이번 방학에 여행을 간다면 어디로 가고 싶은가요?

현우: _____

D. 대화를 잘 듣고 대화 내용과 맞으면 ○, 틀리면 X에 표시하세요. 🎧

1. 한국에서 초대받은 파티에 갈 때 화장지나 세제를 가져간다.　　　　　○　　X

2. 집들이란 이사 간 집에 친구들을 초대하는 파티이다.　　　　　○　　X

3. 화장지 선물은 새로 이사 간 집에서 일들이 잘 풀려서 잘 살라는 뜻이다.　　　　　○　　X

4. 세제를 선물하는 것은 이사 간 새집을 깨끗이 청소하라는 의미를 담고 있다.　　　　　○　　X

5. 문화가 다르면 선물하는 풍습도 다르다.　　　　　○　　X

E. 다음 글을 읽고 질문에 답하세요.

> 프랑스에서는 빨간 장미를 아무에게나 선물하면 큰일 날 수도 있다. 사랑하는 남녀 사이에 주고받기 때문이다. 그리고 우리나라에서는 어버이날 감사의 의미로 선물하는 카네이션이 이곳에서는 장례식용이라서 선물하기에 적당한 꽃이 아니라고 생각한다. 프랑스 사람들은 향수에 대해 너무나 잘 알고 개인에 따라서 좋아하는 향수가 많이 다르기 때문에 선물용으로는 적당하지 않다.
>
> 미국인에게는 죽음을 의미하는 백합은 좋지 않다. 브라질이나 아르헨티나에서는 인간관계를 끊는다는 것을 뜻하는 칼은 피한다. 이집트에서는 선물 받는 것을 무척 좋아해 하지 말라고 하는 금물인 것은 없지만 선물을 주거나 받을 때는 반드시 오른손을 사용한다. 말레이시아에서는 장난감 강아지, 개 그림이 들어간 것은 안 된다. 개를 불운한 동물로 여기기 때문이다.

1. 글의 내용과 맞으면 ○, 틀리면 X에 표시하세요.

    가. 프랑스에서 장미꽃 선물은 연인들 사이에 선물하는 꽃이기 때문에   ○   X
    오해할 수도 있다.

    나. 브라질에서 칼을 선물하는 것은 금물이다.   ○   X

    다. 이집트에서 선물을 주고받을 때 주의해야 할 것들이 많다.   ○   X

    라. 개를 신성하게 생각하는 나라는 말레이시아이다.   ○   X

    마. 한국에서는 카네이션을 불운하다고 여기지 않는다.   ○   X

2. 프랑스에서는 향수를 선물하지 않는 이유가 무엇이라고 합니까?

_____

F. 각 나라마다 문화마다 동물에 대한 의미도 다 다르다고 합니다. 여러분 나라 문화에서는 어떤 동물이 행운을 가져다준다고 믿고 있습니까? 반면 어떤 동물이 불길하다고 여겨집니까?

_____

_____

한국의 설화와 속담

Korean Folktales and Proverbs

대화

A. 서로 어울리는 표현끼리 연결하세요.

1. 활 • • 흘리다

2. 뜻 • • 가지다

3. 종 • • 받다

4. 피 • • 묶다

5. 집 • • 갚다

6. 도움 • • 쏘다

7. 은혜 • • 울리다

B. 다음 설명에 맞는 표현을 고르세요.

고급	공무원	교훈	과거 시험	구전설화
스님	유익	은혜	전설	템플 스테이

1. 자연이나 사람에게서 받은 고마운 혜택: _____

2. 국가나 지방 공공단체에서 국가와 국민을 위해 일하는 사람: _____

3. 절에 머물면서 사찰 생활을 체험하는 일: _____

4. 행동이나 생활에 유익한 가르침: _____

5. 말로 전하여 내려오는 이야기: _____

6. 옛날부터 사람들 사이에서 전해져 내려온 신기하거나 이상한 일에 대한 이야기: _____

C. '~(으)면 안 되나요?'를 사용하여 대화를 완성하세요.

1. 가: 갑자기 무슨 일이에요?

   나: 저, 제가 지금 핸드폰 배터리가 없어서 그러는데 핸드폰 좀 잠깐 빌려주시**면 안 되나요?**

2. 가: 그럼, 다음 회의는 토요일 두 시에 하겠습니다.

   나: 부장님, _____

3. 가: 숙제는 금요일까지 내세요. 늦게 내면 감점입니다.

   나: 선생님, _____

4. 가: 지금 마트에 가서 고기하고 쌈장 좀 사 와. 오늘 저녁은 불고기 만들어 줄게.

   나: 엄마, _____

5. 가: 내가 오랫동안 생각해 봤는데 우리는 이제 헤어지는 게 좋겠어.

   나: 야! _____

D. '어느'를 사용하여 다음 문장을 한국어로 바꾸세요.

1. I read the event in some newspaper.

   나는 그 사건을 _____

2. I heard that Minjun graduated from some college in France.

   민준이가 프랑스의 _____

3. The last time I saw Minji was a day in May at Minji's birthday party.

   내가 민지를 마지막으로 만난 것은 _____

4. The place I broke up with Steve was some coffeeshop near my school.

   내가 스티브하고 헤어진 곳은 _____

E. '바로'를 사용하여 문장을 완성하세요.

1. 내가 찾던 것이 <u>**바로**</u> 이 가방이에요.

2. 건강을 지키는 가장 좋은 방법은 _____

3. 저는 오늘 수업 끝나면 _____

4. 오리건 주는 캘리포니아 주 _____ 에 있어요.

5. 이 사람은 _____ 이에요/예요.

6. 제가 제일 하기 싫은 일은 _____ 이에요/예요.

F. '~ 게 아니겠어요?'를 사용하여 다음 대화를 만들어 보세요.

1. 가: 샌디랑 왜 싸운 거예요?

    나: 샌디가 어제 갑자기 약속을 취소해서 바쁜 줄 알았는데 기숙사에서 자고 있는 **게 아니겠어요?**

2. 가: 너는 어제 방에서 왜 소리를 질렀어?

    나: _____

3. 가: 남친/여친이랑 왜 갑자기 헤어진 거야?

    나: _____

4. 가: 요즘 _____ 씨는 어떻게 지내는지 알아요?

    나: _____

G. 어울리는 상황끼리 연결한 후 '~기 무섭게'를 사용하여 문장을 만드세요.

1. 영화가 끝나다   •   • 누워서 자다
2. 집에 들어오다   •   • 화장실에 가다
3. 월급을 받다   •   • 돈을 다 쓰다
4. 시험이 끝나다   •   • 물건이 다 팔리다
5. 세일이 시작되다   •   • 술 마시러 가다

1. <u>영화가 끝나기 **무섭게** 저는 화장실에 갔어요.</u>

2. _____

3. _____

4. _____

5. _____

H. '~ 채로'를 사용하여 다음 상황에 맞게 문장을 만들어 보세요.

1. 머리가 아파 집중할 수 없어서 <u>책을 펼친 **채로**</u> 그냥 앉아 있었어요.

2. 민지가 화장실이 너무 급해서 _____ 집에 들어왔어요.

3. 어제 너무 피곤해서 _____ 잠이 들었어요.

4. 오늘 아침에 늦게 일어나서 _____ 수업에 왔어요.

5. 시간이 없어서 그냥 _____ 밖에 나갔어요.

6. 학교에서 수업이 늦게 끝나서 _____ 파티에 갔어요.

I. '~ 단/란 말이에요'를 사용하여 다음 질문에 답하세요.

1. 가: 어제 저녁 먹고 금방 잤는데 아침에 일어나니까 8시더라고요.

    나: 네? 열두 시간이나 잤단 <u>말이에요?</u>

2. 가: 민호 씨를 한번 본 적이 있는데 영화배우 닮았어요.

    나: _____

3. 가: 나 이번 주말에 부모님 집에 가야 돼.

    나: _____

4. 가: 1년 동안 한국에서 공부를 할 계획이에요.

    나: _____

5. 가: 이 수업이 너무 어려워서 지금 그만둘까 생각 중이에요.

    나: _____

J. 대화를 듣고 질문에 답하세요. 🎧

1. 여러분은 학생의 입장에 대해 어떻게 생각하는지 여러분의 의견을 써 보세요.

    _____

    _____

    _____

_____

_____

_____

K. 김은숙 작가의 드라마 〈도깨비〉는 방영 후 많은 인기를 끌었다. 설화 속 도깨비를 소재로 쓴 판타지 드라마로 저승사자와 삼신할머니도 등장하여 시청자들의 관심을 받았다. 구전설화를 모티프로 한 드라마나 영화를 찾아 등장인물을 정리해 보세요.

• 〈쓸쓸하고 찬란하神(신) – 도깨비〉: 2016년 김은숙 작가
  등장인물: 도깨비, 저승사자, 삼신할머니

_____

_____

_____

_____

_____

_____

_____

읽기

A. 빈칸에 올 수 없는 표현을 고르세요.

1. 좋지 않은 감정을 가지고 상대방을 만나면 그 관계는 _____ 것이다.

    ㉠ 어려울   ㉡ 불편할   ㉢ 어색할   ㉣ 피할

2. 내가 여러 번 실수를 해도 이해해 주는 친구한테 나는 _____.

    ㉠ 감동했다   ㉡ 고마워졌다   ㉢ 미안했다   ㉣ 편안했다

3. 새어머니와 언니들은 신데렐라를 _____

    ㉠ 고약했다   ㉡ 무시했다   ㉢ 구박했다   ㉣ 미워했다

4. 할머니의 건강을 위해 어머니는 할머니를 위한 특별한 음식을 _____ 요리하셨다.

    ㉠ 정성껏   ㉡ 아직   ㉢ 열심히   ㉣ 매일

5. 왜 갑자기 민지 마음이 변했는지 _____ 이해할 수 없어요.

    ㉠ 절대   ㉡ 결국   ㉢ 여전히   ㉣ 도저히

B. 주어진 표현을 문맥에 맞게 연결하여 두 문장씩 만드세요.

1. 사는 게 힘들다	
2. 기숙사 생활이 불편하다	
3. 남친/여친이랑 싸우다	
4. 한국어 너무 어렵다	
5. 전공이 나랑 안 맞는다	

• 그렇다고 ~ 수도 없다

• ~다고/라고 해서 되는 일이 아니다

열심히 하다	울다
그만두다	이사하다
헤어지다	화내다
사과하다	포기하다
피하다	바꾸다
괜찮은 척하다	

1. 사는 게 힘들다. **그렇다고 포기할 수도 없다.**

　　사는 게 힘들다. 열심히 한다고 해서 되는 일이 아니다.

2. _____

　_____

3. _____

　_____

4. _____

　_____

5. _____

　_____

C. 빈칸에 '~다고/라고 해서 되는 일이 아니다'를 사용하여 문장을 만드세요.

1. 취직은 <u>학교 성적이 좋다고 해서 되는 일이 아니다</u>.

2. 아이돌은 _____

3. 성공은 _____

4. 부자는 _____

5. 학생은 _____

D. '~줄도 모르고'를 사용하여 다음과 같이 대화를 완성하세요.

1. 가: 나 어제 마이클 여친을 봤는데 인상이 좋더라고.

   나: <u>어머, 여친이 있었구나. 그런 줄도 모르고 내 친구를 소개시켜 줄 뻔했네.</u>

   = <u>어머, 여친이 있는 줄도 모르고 내 친구를 소개시켜 줄 뻔했네.</u>

2. 가: 저는 여름에 인턴십을 하려고 해요.

   나: _____

   = _____

3. 가: 오늘 저녁 비행기로 부모님 집에 갈 거야. 오늘 한국어 수업 취소됐거든.

   나: _____

   = _____

4. 가: 너 그 소식 들었니? 스티브랑 민지랑 헤어졌대.

   나: _____

   = _____

5. 가: 스티브는 한국에서 대학원을 다니고 오더니 이제는 나보다 한국어를 더 잘하는 것 같아.

   나: _____

   = _____

E. '~가 하면'을 사용하여 문장을 완성하세요.

1. 야채를 안 좋아하는 사람들이 있어요. <u>그런**가 하면** 고기를 안 먹는 사람들도 많아요.</u>

   = <u>야채를 안 좋아하는 사람들이 있는**가 하면** 고기를 안 먹는 사람들도 많아요.</u>

2. 실연당했을 때 우는 사람이 있어요. _____

   = _____

3. 술 취하면 말이 많고 시끄러운 사람이 있어요. _____

   = _____

4. 보통 주말에는 아침 늦게까지 자요. _____

   = _____

F. 다음 글을 읽고 질문에 답하세요.

속담이란 대체로 교훈을 주거나 풍자를 하기 위하여 어떤 사실을 비유적으로 서술하는 비교적 간결한 관용 어구를 말한다. 한국에서 "속담"이란 말이 처음 쓰이기 시작한 것은 조선 중기이지만 실제로 속담이 사용된 것은 그보다 훨씬 앞선 삼국시대라고 한다.

　속담은 어느 한 개인에 의해서 만들어진 것이 아니라 오랜 세월을 통하여 많은 사람들의 공감으로 만들어지며 입에서 입으로 전해진다. 그 때문에 그 속에는 한 민족의 사상, 철학, 도덕, 교훈, 관습 등이 짧고 간결한 말 속에 농축되어 있다.

　새로운 속담이 발생하게 되는 것은 속담이 시대적 산물이고 사회적 산물이기 때문이다. 시대가 바뀌고 사회가 변천하게 되면 사람들의 사상과 생활양식도 따라서 변하게 되고 또 의식구조도 변하게 되기 때문에 새로운 속담이 나오게 된다

풍자하다 to satirize　비유적으로 metaphorically　간결하다 to be concise　산물 product

---

1. 속담이란 무엇입니까?

　　_____

2. 한국에서는 언제부터 속담이 쓰이기 시작했습니까?

　　_____

3. 속담에는 무엇이 반영되어 있습니까?

　　_____

4. 왜 새로운 속담이 생겨납니까?

　　_____

G. 한국 속담 중 하나를 골라 어울리는 상황을 대화로 만들어 보세요.

• **금강산도 식후경**

민지: 언니, 오늘 뭐 사러 왔어요?

지윤: 친구 생일 선물 사려고. 넌 뭐 사야 되니?

민지: 전 청바지를 하나 살까 해요. 세일하는 게 있으면 사려고요.

지윤: 그래, 우리 오랜만에 같이 나왔으니까 푸드코트에서 점심도 먹자.

민지: 언니, 그럼 **금강산도 식후경**이라고 점심부터 먹어요. 배고파 죽겠어요.

종합 활동

A. 다음 빈칸에 알맞은 조사를 넣으세요.

1. 뉴욕에서 캐나다까지 운전해서 하루에 가기는 힘들어요. 하룻밤은 호텔_____ 묵는 게 좋을 거예요.

2. 지금 우리의 생활_____ 적용할 수 있는 옛날 조상들의 지혜를 속담에서 볼 수 있다.

3. 내가 고마워하는 마음이 상대방_____ 잘 전달됐으면 좋겠다.

4. 아픈 아들_____ 위해 매일 기도한 어머니의 정성_____ 감동하여 아들이 건강해졌다.

5. '치악산'이라는 이름은 은혜 갚은 꿩의 이야기_____ 유래했다.

B. 다음 단어와 함께 쓸 수 있는 표현을 써 보세요.

1. 도망: **도망**가다, **도망**치다

2. 목숨: _____

3. 버릇: _____

4. 시대적: _____

5. 부탁: _____

6. 사상: _____

7. 도움: _____

C. 빈칸에 가장 잘 어울리는 표현을 고르세요.

1. 눈길에 차가 미끄러져서 차 사고가 났지만 모두 _____.

    ㉠ 무사했다   ㉡ 부러워했다   ㉢ 위로했다   ㉣ 살려 주었다

2. 소방관들은 불이 난 집에 들어가 모든 사람을 _____.

    ㉠ 전달했다   ㉡ 감동했다   ㉢ 대했다   ㉣ 구했다

3. 복잡한 일들이 아직도 _____ 않아서 매일 스트레스의 연속이다.

    ㉠ 활용되지   ㉡ 해결되지   ㉢ 충고하지   ㉣ 적용하지

4. 모든 사람의 의견을 존중합니다. 어린이의 의견도 _____ 면 안 됩니다.

    ㉠ 무시하   ㉡ 구박하   ㉢ 도망치   ㉣ 무표정하

5. 같은 실수는 _____ 않도록 조심하세요.

    ㉠ 부탁하지   ㉡ 활용하지   ㉢ 전달되지   ㉣ 반복하지

D. 어울리는 표현을 골라 다음 대화를 완성하세요.

그런가 하면	그런 줄도 모르고	~(으)면 안 돼요?
어느	~(으)ㄴ 채로	~기(가) 무섭게
~단/란 말이다	바로	~(으)니/는 게 아니겠어요?
그렇다고 ~(으)ㄹ 수도 없다	~다고/라고 해서 되는 일이 아니다	

1. 가: 어머, 오늘 단어 시험이 있는 줄 몰랐어. 어떡하지?

    나: 실러버스에도 있고 어제 선생님이 말씀하셨는데… 아, 너는 어제 수업 끝나자마자
    바로 나갔잖아. 그래서 숙제 얘기를 못 들었나 보다.

2. 가: 내일 시험이 세 개나 있는데 오늘은 너무 피곤해서 그냥 자고 싶어요. 오늘 밤을 새워도 시험
    공부를 다 못 할 것 같아요.

    나: _____

    _____

3. 가: 요즘 저는 엄마랑 사이가 안 좋아요. 추수감사절에 취직 얘기를 하다가 상황이 안 좋아졌어요. 그
    뒤로 지금 한 달 동안 연락도 안 하고 있어요.

    나: _____

    _____

4. 가: 미안해. 지난주에 네가 빌려준 아이패드가 고장 났어. 내가 커피를 마시면서 숙제를 하다가
　　 아이패드 위에 쏟았거든.

　 나: _____

　　 _____

5. 가: 저는 오늘 약속 시간에 30분 정도 늦을 것 같아요. 지금 차가 엄청 밀리거든요.

　 나: _____

　　 _____

6. 가: 너네 둘은 처음에 어떻게 만나서 친하게 된 거야?

　 나: _____

　　 _____

7. 가: 이번에 어느 동아리에 가입할까 고민 중이야. 태권도하고 춤 동아리 두 개 다 하고 싶은데 시간이
　　 안 될 거 같아. 근데 꼭 하고 싶거든.

　 나: _____

　　 _____

E.   다음 글을 읽고 질문에 답하세요

새옹지마(塞翁之馬)

옛날 중국 북쪽 국경 지대의 한 마을에 아들과 단둘이 살고 있는 노인이 있었다. 그 노인에게는 몇 마리의 말이 있었는데, 그것이 전 재산이었다. 어느 날 말 한 마리가 갑자기 국경선을 넘어서 북쪽으로 도망갔다. 노인이 말을 따라갔으나 놓치고 말았다. 마을 사람들은 "좋은 말을 잃으셔서 가슴이 아프겠습니다" 하고 노인을 위로했지만 노인은 웃으며 "할 수 없는 일이지요. 나쁜 일이 있으면 좋은 일도 생기겠지요"라고 말했다.

　　그러고 나서 얼마 지나자 도망쳤던 말이 노인의 집으로 돌아왔다. 그런데 혼자 온 것이 아니라 아주 훌륭한 말 한 필을 데리고 함께 돌아온 것이었다. 이번에는 마을 사람들이 부러워하면서 말했다.

　　"정말 잘 된 일입니다. 큰 횡재를 하셨군요."

　　그러자 노인은 이번에도 웃으며 말했다.

　　"글쎄요, 좋은 일인지 모르겠습니다. 좋은 일이 있으면 나쁜 일도 있는 법이니까요."

　　그리고 또 몇 달이 지났다. 그 노인의 아들이 새로 온 말을 타다가 말에서 떨어지고 말았다. 다행히 목숨은 건졌으나 다리를 다쳐서 장애인이 되고 말았다. 이번에 마을 사람들은 "정말 슬프시겠습니다" 하며 노인을 위로했다. 그러자 노인은 그저 무표정한 얼굴로 이렇게 말했다.

　　"할 수 없지요. 나쁜 일이 있으면 또 좋은 일이 있고 그런 것이니까요."

　　해가 바뀌고 어느 날 전쟁이 일어났다. 그래서 마을의 젊은이들은 모두 군인으로 전쟁에 가야 했다. 그러나 노인의 아들은 다리를 다쳤기 때문에 전쟁에 나가지 않아도 되었다. 그 전쟁에서 많은 사람들이 목숨을 잃었지만 노인의 아들은 무사할 수 있었다.

---

1.   윗글의 내용과 일치하면 ○, 다르면 X에 표시하세요.

가. "새옹지마"는 한자어로 된 속담이다.　　　　　　　　　　　　○　　X

나. 노인은 두 아들과 살고 있었다.　　　　　　　　　　　　　　○　　X

다. 노인의 아들은 전쟁으로 장애인이 되었다.　　　　　　　　　○　　X

라. 노인은 전쟁이 날 것을 미리 알고 있었다.　　　　　　　　　○　　X

마. 노인은 말이 도망친 후 다른 훌륭한 말을 얻는 횡재를 했다.　○　　X

2. 노인의 아들은 왜 전쟁에 나가지 않아도 됐습니까?

3. 노인이 처음 말 한 마리를 잃었을 때 왜 슬퍼하지 않았습니까?

4. "새옹지마"라는 속담은 언제 사용합니까?

F. 대화를 듣고 질문에 답하세요. 🎧

1. '쇠뿔도 단김에 빼라'에 해당하는 영어 속담을 고르세요.

    ㉠ Don't put all your eggs in one basket.
    ㉡ Birds of a feather flock together.
    ㉢ Strike while the iron is hot.
    ㉣ Better late than never.

2. '발등의 불'은 무슨 뜻입니까?

    ㉠ 중요한 일   ㉡ 급한 일   ㉢ 힘든 일   ㉣ 특별한 일

G. 대화를 듣고 질문에 답하세요. 🎧

1. 이 대화에 어울리는 속담은 무엇입니까?

    ㉠ 호랑이도 제 말하면 온다
    ㉡ 쥐구멍에도 볕 들 날 있다
    ㉢ 원숭이도 나무에서 떨어질 때가 있다
    ㉣ 소 잃고 외양간 고친다

H. 다음 속담이 사용된 신문 기사를 찾아 정리해 보세요.

1. 소 잃고 외양간 고치기
2. 믿는 도끼에 발등 찍힌다
3. 아니 땐 굴뚝에 연기 날까?
4. 개천에서 용 난다

- 제목: 걸그룹 A양과 배우 B군 열애설 해명에도 네티즌들 '**아니 땐 굴뚝에 연기날까**' 의혹
- 내용: A양과 B군이 나란히 레스토랑에 앉아 있는 사진이 인터넷에 떠돌고 있다. 이를 목격한 네티즌들은 두 사람이 잘 어울린다며 열애설을 제기했으나 각 소속사는 친한 친구 사이라고 해명했다. 그러나 네티즌들은 '아니 땐 굴뚝에 연기날 리 없다'면서 의혹의 눈길을 보내고 있다.

I. 여러분 인생의 좌우명(motto)으로 쓸 만한 사자성어를 찾아보고 어떤 뜻인지 쓰세요.

- 칠전팔기: 일곱 번 넘어지고 여덟 번 일어난다

  여러 번 실패하더라도 포기하지 않고 꾸준히 하면 좋은 결과를 가져올 수 있다.

  _____

  _____

  _____

  _____

J. 여러분이 알고 있는 수수께끼를 소개해 주세요.

- 세상에서 가장 잔인한 비빔밥은? 산채 비빔밥

  _____

  _____

  _____

  _____

한국의 공동체 문화
Korean Culture of Community

대화

A. 다음 빈칸에 들어갈 가장 적당한 단어나 표현을 찾아서 써 보세요.

가입	강요	동기	든든	모내기	적응	초청	화합

1. 예전에는 회식이나 모임에서 술을 자주 마셨는데 요즘은 _____ 하지 않으니까 마시고 싶지 않으면 안 마셔도 된다.

2. 대학생이 되면 동아리에 꼭 _____ 하고 싶다.

3. 대동제라는 말은 "다 함께 크게 어울려 _____ 한다"는 뜻이다.

4. 대동제 때는 캠퍼스 곳곳에서 전시나 공연 같은 행사들을 많이 하는데 특히 인기 있는 가수를 _____ 해서 공연을 많이 한다.

5. 농촌 봉사 활동이란 일손이 부족한 봄에 농촌에 가서 _____ 를 돕는 것이다.

6. 항상 나한테 신경 써 주고 도와주는 선배가 학교에 있어서 참 _____ 하다.

7. 개강은 3월 초지만 신입생들이 그 전에 대학 생활을 준비하고 _____ 할 수 있도록 입학식과 오리엔테이션을 일찍 한다.

8. 엠티에 가면 선배들한테서 정보도 얻고 _____ 와/과 인사도 하고 친해질 수 있으니까 가면 좋다.

B. 관계가 없는 단어를 하나 고르세요.

1. 1박 2일	엠티	(입학식)	멤버십 트레이닝
2. 새내기	선배	신입생	오티(OT)
3. 사은회	운동회	회식	개강 파티
4. 소속감	일상생활	친밀감	공동체 의식
5. 대동제	적응	축제	화합

C. '어찌나 ~은지/ㄴ지/는지'를 사용해서 표현을 연결한 후 문장을 써 보세요.

1. 바쁘다	•	• 다들 가수인 줄 알았어요
2. 노래를 잘하다	•	• 옷도 안 갈아입고 자 버렸어요
3. 서두르다	•	• 신발도 안 신고 나갔어요
4. 음식이 맵다	•	• 시간이 정말 빨리 지나가네요
5. 피곤하다	•	• 혀에 아무 감각도 없어요

1. **어찌나** 바쁜지 시간이 정말 빨리 지나가네요.

2. _____

3. _____

4. _____

5. _____

D. '어찌나 ~은지/ㄴ지/는지'를 사용해서 다음 대화를 완성하세요.

1. 가: 영화 어땠어요? 재밌었어요?

   나: 네, **어찌나 재미있는지** 또 보고 싶어요.

2. 가: 어제 뒷풀이는 어땠어?

   나: _____ 시간 가는 줄 몰랐어.

3. 가: 어제 파티에서 만난 민준 씨 친구는 정말 키가 크더라고요.

   나: 네, _____ 다들 농구 선수라고 생각해요.

4. 가: 크리스 씨는 한국어를 잘해요?

   나: 네, _____ 한국 사람 같아요.

5. 가: 한국에 처음 왔을 때 어땠어요?

   나: 겨울에 와서 처음에는 _____ 얼어 죽는 줄 알았어요.

E. 다음 상황에서 어떤 조언을 해 줄 수 있을까요? '~도 ~(이)지만'을 사용해서 대화를 해 보세요.

(1) 한국어를 잘하는 방법

마크: 내년에 한국에 유학을 가려고 하는데 한국어 실력이 아직 부족한 것 같아요. 어떻게 하면 한국어를 더 잘할 수 있을까요?

민지: 매일 한국어 수업을 열심히 듣다 보면 실력이 늘 거예요. 매일 꾸준히 공부하는 게 언어 실력에 큰 도움이 된다고 하더라고요.

마크: 네, 맞아요. 그래서 저도 하루에 한 시간이라도 매일 하려고 노력하고 있어요.

민지: 그리고 한국어는 **공부도** 공부**지만** 한국 문화를 많이 배우는 것도 중요해요. 한국 문화를 많이 알면 한국어 공부하는 데에 도움이 많이 될 거예요.

마크: 네, 조언 감사합니다. 많이 도움이 될 것 같아요.

(2) 건강해지는 방법

_____

_____

_____

_____

_____

_____

_____

_____

(3) 취직을 잘 하는 방법

_____

_____

_____

_____

_____

F. 대화를 잘 듣고 질문에 답하세요. 🎧

1. 이 대화에 나오는 여자와 남자는 어떤 관계입니까?

    ㉠ 대학 신입생과 선배
    ㉡ 오리엔테이션에서 만난 친구
    ㉢ 동아리 선배와 후배
    ㉣ 고등학교 선배와 후배

2. 이 대화가 끝나고 여자는 어떻게 할까요?

    ㉠ 오리엔테이션 행사에 간다.
    ㉡ 동아리 선배들과 친구들을 만난다.
    ㉢ 동아리 소개를 들으러 학생회관에 간다.
    ㉣ 동아리 회장을 만나러 오리엔테이션에 간다.

G. 여러분한테 사고나 안 좋은 일이 일어날 뻔한 적이 있어요? 다음 문법 표현들을 2개 이상 사용해서
　　친구와 이야기해 보세요.

~어서/아서 다행이다	~(으)니/는 바람에	~(으)ㄹ 뻔하다

A: ○○ 씨, 공항에 늦어서 비행기를 놓**칠 뻔한** 적 있었어요?

B: 네, 몇 년 전에 비행기 못 **탈 뻔한** 적이 있어요.

A: 무슨 일이 있었는데요?

B: 그날 알람 시계가 안 울리**는 바람에** 늦게 일어난 거예요. 그래서 일어나자마자 택시를 타고 공항으로
　　갔어요. 다행히 20분 전에 도착해서 비행기를 탈 수 있었어요.

A: 20분 전에요? 그래도 탈 수 있**어서 다행이었네요**.

B: 네, 그때만 생각하면 정말 아찔해요. 그래서 이제는 알람 시계를 꼭 2개 이상 맞춰 놓는 버릇이
　　생겼어요.

_____

_____

_____

_____

_____

_____

읽기

A. 다음 빈칸에 들어갈 가장 적당한 단어나 표현을 찾아서 써 보세요.

대가족	사은회	수학여행	운동회	유치원	집단주의

1. 학교나 단체에서 모여 여러 가지 경기를 하는 것: _____

2. 학생들이 역사 유적지나 문화재 등을 직접 보고 체험하기 위해 단체로 떠나는 것: _____

3. 졸업하는 학생들이 스승의 은혜에 감사하는 뜻으로 갖는 모임: _____

4. 개인보다는 집단을 우선시하는 생각이나 태도: _____

5. 초등학교 입학 전에 아이들을 가르치는 곳: _____

6. 여러 세대가 한 집에 사는 가족 형태: _____

B. 함께 어울리는 단어들끼리 연결해서 써 보세요.

1. 단체 •----------------------• 생활   단체 생활 _____

2. 공공 •   • 예절   _____

3. 공동체 •   • 의식   _____

4. 봉사 •   • 자랑   _____

5. 장기 •   • 장소   _____

6. 밥상 •   • 활동   _____

C. 여러분이 좋아하는 것들의 특징을 '~는/(으)/ㄴ 데다가'를 사용하여 두 가지 이상 말해 보세요.

좋아하는 장소/도시	좋아하는 사람/친구/연예인

1. 좋아하는 장소/도시

저는 한국에 가면 홍대 앞을 자주 가요. 예쁘고 특이한 카페와 가게도 많**은 데다가** 가격도 별로 비싸지 않은 것 같아요. 그래서 대학생들이 많이 가고 요즘은 외국인들도 많이 와서 홍대 앞 젊은이들의 문화를 즐긴다고 해요.

_____

_____

_____

_____

2. 좋아하는 사람/친구/연예인

_____

_____

_____

_____

D. 다음 사회의 현상들이 왜 그런지 생각해 보고 '~어서/아서 그런지'를 사용해서 답해 보세요.

1. 한국 사람들은 '내 남편', '내 아내'라고 하기보다는 '우리 남편', '우리 아내'라고 한다.

    한국은 공동체 의식을 중요시해서 그런지 '나'보다는 '우리'라는 말을 자주 쓴다. 그래서 우리 남편', '우리 아내'라고 해도 한국에서는 이상하지 않고 자연스럽다.

2. 미국 대학생 중에 여름방학에 한국에 어학연수를 가려는 학생 수가 늘고 있다.

    _____

    _____

    _____

3. 한국에서는 요즘 결혼을 하지 않는 젊은이들이 많아지고 있다.

    _____

    _____

    _____

4. 한국 사회에서는 요즘 혼밥, 혼술이 유행하고 있다.

    _____

    _____

    _____

E. 다음 질문에 '~(으)로/고/다고 여겨지다'를 사용해서 여러분의 의견을 써 보세요.

1. 성공적인 대학 생활을 하는 데 가장 중요하**다고 여겨지는** 것은 무엇입니까?

_____

_____

_____

_____

2. 지금 미국 사회에서 가장 큰 문제**로 여겨지는** 것은 무엇이라고 생각합니까?

_____

_____

_____

_____

F. 다음 글을 읽고 질문에 답하세요.

1. 이 글은 무엇에 관한 내용입니까?

> '나'보다 '우리'를 먼저 생각하는 배려와 지혜가 바로 한국의 공동체 의식이다. 한국 문화에 나타나는 공동체 의식으로는 품앗이가 있다. '품앗이'란 내가 남에게 품(일)을 해 준 것만큼 다시 받아 온다는 뜻으로 서로서로 일을 돌아가며 해 주는 협동을 말한다. 즉, 한 가족의 부족한 노동력을 해결하기 위해 다른 가족들의 노동력을 빌려 쓰고 나중에 갚아 주는 것이다.

㉠ 공동체 의식의 정의
㉡ 한국의 공동체 문화 품앗이
㉢ 한국 가족의 협동 정신
㉣ 노동력 부족 해결 방법

2. 이 글의 주제는 무엇입니까?

> 품앗이 전통의 대표적인 예로 한국 고유의 김장을 들 수 있다. 김장이란 대가족이 겨우내 먹기 위한 많은 분량의 김치를 늦가을에 한꺼번에 담그는 것이다. 김장을 담그기 위해서는 가족과 이웃 간 협력이 필수적이었다. 이렇게 담근 김치는 서로 나눠 먹기도 하는데 이런 김장 문화는 유네스코 인류 무형문화 유산 대표 목록에 등재되면서 세계적으로 관심을 받았다. 김장을 통해 한국인들의 어울려 살면서 서로 돕는 공동체의 중요성을 볼 수 있기 때문이다.

㉠ 겨우내 먹기 위한 김치 담그기: 김장
㉡ 김장에서 볼 수 있는 공동체의 중요성
㉢ 서로 나눠 먹기도 하는 김장 김치
㉣ 유명해진 한국의 김장 문화

종합 활동

A. 다음 빈칸에 알맞은 단어를 고르세요.

1. 한국에서는 졸업할 때 같은 과 학생들이 모여서 가르쳐 주신 교수님들을 위해＿＿＿＿＿＿을/를 한다.

   ㉠ 운동회　　　　　㉡ 사은회　　　　　㉢ 입학식　　　　　㉣ 졸업식

2. 한국에 처음 갔을 때는 문화 차이 때문에 힘들었지만 이제는 회식 문화에도＿＿＿＿＿＿사람들과 잘 어울린다.

   ㉠ 익숙해져서　　　㉡ 형성되어서　　　㉢ 든든해져서　　　㉣ 약화되어서

3. 공원이나 학교와 같은＿＿＿＿＿＿장소에서 시끄럽게 떠들거나 술을 마시면 안 된다.

   ㉠ 방음　　　　　　㉡ 방향　　　　　　㉢ 의식　　　　　　㉣ 공공

4. 공동체 의식이란 한 사람이 어떤 공동사회의 한＿＿＿＿＿＿이라는 생각이다.

   ㉠ 구성원　　　　　㉡ 대가족　　　　　㉢ 공간　　　　　　㉣ 회식

5. 전통적으로 공동체 의식이 강조되는 한국 사회에서는 단체 생활과＿＿＿＿＿＿이/가 강조되어 왔다.

   ㉠ 협동심　　　　　㉡ 입학식　　　　　㉢ 대동제　　　　　㉣ 새내기

B. 다음 문단에 연결 표현을 선택해 쓰세요.

그러나	더욱더	또한	이와 같이

김장뿐만 아니라 잔칫집이나 상가 등 일손이 많이 필요한 일들은 모두 품앗이로 해결했다.

(1)_____ 일손이 많이 필요한 농사와 관련된 모내기, 물대기, 김매기, 추수 등도

모두 품앗이로 해낼 수 있었다. (2)_____ 혼자서는 하기 어려운 작업을 많은

사람이 힘을 합쳐 이루어 내는 것을 미덕으로 여겨 온 것이다. (3)_____ 현대

시대에 가족 단위, 주거 형태, 식문화 등의 생활양식이 바뀜에 따라 이러한 공동체 문화는 서서히

사라져 가고 있어 많은 사람들이 아쉬워하고 있다.

상가 house of mourning 미덕 virtue

C. 주어진 표현을 사용하여 문맥에 맞게 빈칸을 채워 문장을 완성해 보세요.

다행이다	~어서/아서 그런지	그렇잖아도	어찌나 … ~는/(으)ㄴ지
~는/(으)ㄴ 바람에	~(으)ㄴ 데다가	N도 N(이)지만	~(으)ㄹ 뻔하다

1. 가: 나는 지금 점심 먹으러 가려는데 너는 안 가?

   나: _____ 지금 막 식당에 가려던 참이었어.

2. 가: 민지 씨, 어제 한국어 수업에 결석했던데 무슨 일 있었어요?

   나: _____ 결석했어요.

   가: 어머, 안 다쳤어요?

   나: 네, 다친 데는 없는데 차가 많이 망가졌어요.

   가: 차 사고 났는데도 안 다쳐서 정말 불행 중 _____

3. 가: 민지 씨, 음악 듣고 있네요. 무슨 노래 들어요?

   나: 블랙핑크 노래예요.

   가: 블랙핑크를 많이 좋아하나 봐요.

   나: 네, _____ 벌써 노래 가사를 다 외웠어요.

4. 가: 외국어를 잘 하고 싶은데 참 어려운 것 같아요.

   나: 맞아요. 외국어를 잘 하려면 _____ 문화를 잘 이해하는
   것도 중요한 것 같아요.

5. 가: 한국 사람들은 '내 남편', '내 아내'라고 하기보다는 '우리 남편', '우리 아내'라고 한다는데 왜
   그럴까요?

   나: _____

6. 가: 우리 한국어 반 친구들 중에 한국 대학교의 여름방학 한국어 프로그램에 지원한 학생들이 많다고
   해요. 그 프로그램에 장점이 많은가요?

   나: _____ 한국 여행도 할 수 있잖아요.

D. 다음 표현을 이용하여 짧은 글을 지어 보세요.

1. **어찌나 … ~는/(으)ㄴ지/~던지**

   학교 근처에 디저트 가게가 새로 생겼다는 소식을 듣고 어제 한국어 반 친구들하고 같이 가
   봤다. 여러 가지 색깔과 모양으로 만든 케이크와 과자가 정말 먹음직스럽게 보였다. 나는 딸기
   맛 케이크를 한 조각 주문해서 먹어 봤다. 너무 달지도 않고 내가 좋아하는 딸기 맛이 많이 나서
   정말 맛있었다. **어찌나** 맛있**던지** 한입에 다 먹어 버리고 하나 더 주문했다.

   _____

   _____

   _____

   _____

2. ~어(서)/아(서) 다행이다/불행 중 다행이다

WHO는 코로나19 상황을 전 세계적 유행 전염병으로 선언하였다. 확진자가 많은 나라들은 국경을 폐쇄하기도 하고 확진자가 줄어든 나라에서는 경제를 서서히 개방하면서 코로나19 이전의 정상적인 일상으로 돌아가기 위해서 애쓰고 있다. 이렇게 모두들 힘든 시간을 보내고 있지만 백신이 개발되어서 불행 중 다행이다.

_____

_____

_____

_____

E. 대화를 듣고 질문에 답하세요. 🎧

1. 이 대화의 내용과 맞으면 ○, 틀리면 X에 표시하세요.

가. 남자는 미국에서 입학식에 참석해 본 적이 있지만 한국에서는 없다.   ○   X

나. 미국에 있는 남자 가족들이 입학을 축하해 주러 한국에 왔다.   ○   X

다. 여자와 남자는 같은 학교 신입생이다.   ○   X

라. 개강 파티에서 술을 마시지 않아도 된다.   ○   X

2. 한국 대학 개강 파티는 옛날에 비해서 어떤 점이 바뀌었습니까?

_____

_____

_____

F.   다음 주제에 대해서 글을 써 보세요.

한국은 전통적으로 공동체 의식을 바탕으로 한 집단주의 생활 문화를 쉽게 볼 수 있는데 여러분은
이러한 공동체 문화, 즉 집단주의 문화에 대해서 어떻게 생각하세요? (한국 또는 여러분 나라에서)
공동체 문화나 집단주의 문화를 찾아볼 수 있는 예가 있습니까? 그런데 요즘 한국 사회에서는 개인적인
특징을 중요시하는 방향으로 변화하는 모습도 많이 볼 수 있습니다. 개인주의 문화와 비교하여 집단주의
문화의 장단점은 뭐라고 생각합니까? 다음 단어나 표현들을 최대한 많이 사용하여 글을 써 보세요.

공동체 의식	단체 생활	협동심	집단주의
개인주의	개성	특징	타인
튀는 행동	비판	제한(되다)	~와 비교하여
중요시하다	강조(되다)	~로/다고 여겨지다/생각되다	

G. 학사 일정을 만들어 보세요

다음은 한국 대학교의 학사 일정표입니다. 미국 대학교와는 달리 한국 대학교는 3월에 봄 학기, 즉 1학기가 시작하고 8월에 가을 학기인 2학기가 시작됩니다. 여러분이 다니고 있는 학교의 학사 일정을 만들어 보세요. 수업이 없는 휴일, 수강 신청 일정, 각종 학교 행사, 시험 일정 등을 모두 넣어서 만들어 보세요.

〈한국 대학교 학사 일정표〉

월	날짜	학사 일정
3월	3. 1	3·1절 휴일
	3. 2	1학기 개강, 입학식 및 오리엔테이션
	3. 2 ~ 3. 8	1학기 수강신청 변경
	3. 10 ~ 3. 11	단과대학 엠티
4월	4. 19 ~ 4. 26	1학기 중간시험 기간
5월	5. 5	어린이날 휴일
	5. 16 ~ 5. 17	대동제 축제(5교시부터 휴강)
	5. 22	석가탄신일 휴일
6월	6. 2 ~ 6. 3	농촌 모내기 봉사
	6. 14	1학기 종강
	6. 15 ~ 6. 21	1학기 기말시험 기간

〈여러분 대학의 학사 일정표〉

월	날짜	학사 일정
8월		
9월		
10월		
11월		
12월		
1월		

월	날짜	학사 일정
2월		
3월		
4월		
5월		
6월		
7월		

일제 강점기의 한국
Korea during the Japanese Colonial Period

대화

A. 밑줄 친 곳에 가장 어울리는 표현을 넣으세요.

1. 군인이셨던 할아버지께서 전쟁 _____ 을/를 말씀해 주셨다.

   ㉠ 경험담   ㉡ 어르신   ㉢ 온갖   ㉣ 올해

2. 신문기자인 저희 아버지는 요즘 선거를 앞두고 _____ 하느라 바쁘게 지내고 계십니다.

   ㉠ 사건   ㉡ 주문   ㉢ 취재   ㉣ 희생

3. 1941년 일본은 하와이 진주만을 _____ 했다.

   ㉠ 외교   ㉡ 전투   ㉢ 폭격   ㉣ 해방

4. 태평양 전쟁은 일본의 _____ (으)로 끝났다.

   ㉠ 광복   ㉡ 침투   ㉢ 항복   ㉣ 해방

5. 대한민국의 _____ 은/는 태극기다.

   ㉠ 국기   ㉡ 국민   ㉢ 주권   ㉣ 조회

B. 연관된 내용끼리 연결하세요.

1. 일제 강점기를   •   •   겪다   _____

2. 벌을   •   •   나다   _____

3. 벼를   •   •   받다   _____

4. 소나무 뿌리를   •   •   베다   _____

5. 배탈이   •   •   캐다   _____

C. 연관된 내용끼리 연결하세요.

1. 어르신께   •   •   경험하다   _____

2. 세계 대전을   •   •   공습하다   _____

3. 온갖 희생을   •   •   다하다   _____

4. 무기로   •   •   되다   _____

5. 되풀이(가)   •   •   여쭈다   _____

D. 빈칸에 가장 적당한 '뵙다'가 들어가는 말을 넣어 보세요.

뵙겠습니다	뵙고 싶었습니다	뵙게 돼서

1. 그럼, 내일 수업에서 _____

2. 회장님에 대해 말씀 많이 들었습니다. 그래서 항상 _____

3. 교수님이 쓰신 책을 재미있게 읽었는데 오늘 처음으로 _____ 기쁩니다.

E. 주어진 단어를 선택해 '~곤 하다'를 사용하여 문장을 완성해 보세요.

경험하다	기억하다	무시하다
상처받다	시달리다	환송해 주다

1. 한국에서는 해외여행을 떠날 때 가족과 친구들이 공항에서 환송을 해 주곤 했어요.

2. 저는 어렸을 때 있었던 재미있는 일들을 요즘도 _____

3. 어렸을 때 방학이 되면 여행 가서 새로운 것을 _____. 덕분에 많은 것을 배웠어요.

4. 예전에는 친구들이 제 말을 _____. 하지만 요즘은 제 말을 잘 들어 줘요.

5. 동생은 작은 일에도 _____. 그래서 동생이 오해하지 않게 아주 조심해서 말해요.

6. 저는 피곤하면 나쁜 꿈에 _____.

F. 빈칸에 올 수 없는 표현을 고르세요.

1. _____ 뵙겠습니다.

   ㉠ 곧   ㉡ 어제   ㉢ 오랜만에   ㉣ 처음

2. _____ 다시 뵙겠습니다.

   ㉠ 그럼   ㉡ 내일   ㉢ 다음에   ㉣ 당시

3. _____ 말씀드렸듯이 한국 문화 행사에 꼭 와 주세요.

   ㉠ 내일   ㉡ 마지막에   ㉢ 어제   ㉣ 지난번에

4. _____을 중심으로 글을 쓰려고 해요.

    ㉠ 경험담   ㉡ 어린 시절   ㉢ 온갖   ㉣ 전쟁

5. _____이/가 어떻게 되세요?

    ㉠ 국민   ㉡ 성함   ㉢ 연세   ㉣ 전화번호

G. 주어진 표현을 골라 대화에 넣으세요.

경험담을 중심으로 취재하려고 합니다.	네 경험을 중심으로 말해 봐.
내일 뵙겠습니다.	내일 봅시다.
말씀드렸듯이⋯	말했듯이⋯
어떻게 되세요?	어떻게 되지?
외우곤 하거든요.	외우곤 했어.

1. 사장: 수고 많았어요. 어서 집에 가 보지 그래요.

    직원: 네, 사장님. 그럼 _____

2. 직원: 안녕히 가세요.

    사장: 어서 가 봐요. 그럼 _____

3. 직원: _____ 올해의 마지막 회의는 월요일에 할 예정입니다.

    사장: 다시 알려 줘서 고맙네.

4. 친구 A: _____ 올해 마지막 회의는 월요일에 할 예정이래.

   친구 B: 다시 알려 줘서 고마워.

5. 친구 A: 무슨 이야기를 해 줄까?

   친구 B: _____

6. 회장: 이번에는 무슨 취재를 하려고 하지요?

   기자: 네, 회장님의 _____

7. 점원: 발 사이즈가 _____?

   손님: 잘 모르겠는데요. 사이즈 좀 재 주세요.

8. 친구 A: 우리 학교 주소가 _____?

   친구 B: 모르겠는데 검색해서 알려 줄게.

9. 선생님: 한국어 단어를 정말 많이 아네.

   학생: 버스 안에서도 _____

10. 친구 A: 일본 유학 때는 일본어를 어떻게 공부했어?

   친구 B: 단어를 아침마다 _____

H. 대화를 듣고 질문에 답하세요. 🎧

1. 대화의 내용과 같은 것은 무엇입니까?

ㄱ (남자) 장군은 1933년생이다.

ㄴ (남자) 장군이 군대에 들어간 지 1년이 안 되었을 때 한국 전쟁이 일어났다.

ㄷ 한국 전쟁 때 (남자) 장군은 스물두 살이었다.

ㄹ 한국 전쟁은 6월 25일 밤에 일어났다.

2. 대화의 내용과 같은 것은 무엇입니까?

ㄱ 북한이 남한을 침공하면서 한국 전쟁이 일어났다.

ㄴ 한국 전쟁과 6·25전쟁은 3년 차이로 일어난 두 개의 전쟁이었다.

ㄷ 한국 전쟁은 1953년에 시작되었다.

ㄹ 한국 전쟁 때 희생된 사람은 다행히 많지 않았다.

I. 대화를 듣고 질문에 답하세요. 🎧

1. 대화의 내용으로 맞는 것은 어느 것입니까?

ㄱ 1975년생 선생님들을 중심으로 인터뷰를 하고 있다.

ㄴ 선생님과 지난주에 한 번 만났었다.

ㄷ 준비하고 있는 축제에 대해 선생님께 어제 전화로 말씀드렸었다.

ㄹ 학교 신문사에서 축제 특집 기사를 준비하고 있다.

2. 대화의 내용으로 맞는 것은 어느 것입니까?

ㄱ 선생님들의 축제 경험담을 중심으로 기사를 썼다.

ㄴ 선생님은 1975년에 입학했다.

ㄷ 지난주에 학교 졸업식이 있었다.

ㄹ 학교 신문사에서 입학식 특집 기사를 준비하고 있다.

J. 친구에게 다음을 질문하세요. 질문에 대해 '~곤 하다'를 사용해 질문에 자세히 답해 보세요.

1. 어린 시절에는 친구하고 주로 뭘 하면서 놀았어요?

_____

3. 고등학생 때 어느 식당/카페에 자주 갔었어요?

_____

4. 중학생 때는 어떤 노래를 즐겨 들었어요?

_____

5. 고등학생 때 어떤 취미 생활을 했었어요?

_____

K. 전쟁과 같은 역사적 사건을 경험한 분을 여러분이 기자로서 인터뷰하게 되었습니다. 인터뷰 대상을 정해서 인터뷰에 대한 정보(예: 인터뷰 방식, 시간, 장소 등)를 쓴 뒤 전화로 말씀드리세요. 다음 표현을 사용해 보세요.

~곤 하다	말씀드렸듯이	뵙겠습니다	어떻게 되세요?	~을/를 중심으로

1. 인터뷰 주제(역사적 사건)	예: 제2차 세계 대전을 중심으로 한 인터뷰
2. 인터뷰 대상	예: 할아버지께서 제2차 세계 대전에 연합군으로 참전하신 것으로 아는데요.
3. 인터뷰 방식	예: 지난번에 말씀드렸듯이 화상으로 인터뷰를 하려고 하는데요.
4. 인터뷰 날짜와 시간	예: 다음 주에 시간이 어떻게 되세요?
5. 인터뷰 장소	예: 사회이보 앞에 있는 '소나무' 커피숍에서 다음 주 월요일 오후 2시에 뵙겠습니다.

방식 method 장소 place 화상으로 virtually

1. 인터뷰 주제(역사적 사건)	
2. 인터뷰 대상	
3. 인터뷰 방식	
4. 인터뷰 날짜와 시간	
5. 인터뷰 장소	

읽기

A. 밑줄 친 부분과 같은 뜻을 가진 단어나 표현을 고르세요.

1. 고종은 대한제국으로 국호를 바꾸었다.

   ㉠ 꽃   ㉡ 나라 이름   ㉢ 문화재   ㉣ 정부

2. 대표들이 선언서에 서명했다.

   ㉠ 감당했다   ㉡ 금지했다   ㉢ 빼앗았다   ㉣ 사인했다

3. 많은 젊은이들이 노무자로 동원됐다.

   ㉠ 군인   ㉡ 노동자   ㉢ 선생님   ㉣ 학생

4. 미국은 일본의 67개 도시를 폭격했다.

   ㉠ 공습했다   ㉡ 빼앗았다   ㉢ 선전포고했다   ㉣ 지배했다

5. 즉각적이고 확실한 효과가 있을 거다.

   ㉠ 강제적   ㉡ 당장에 곧 하는 것   ㉢ 뾰족한 것   ㉣ 지배적

B. 가장 연관된 내용끼리 연결하세요.

1. 조약을   •   •   내리다

2. 전투를   •   •   맺다

3. 막을   •   •   벌이다

4. 선언에   •   •   서명하다

5. 착취와 차별에   •   •   시달리다

C. 교과서 내용에 따라 연관된 내용끼리 연결하세요.

1. 선전포고를   •   •   금지되다

2. 자원과 재산을   •   •   기념하다

3. 한국어 사용이   •   •   빼앗다

4. 광복절을   •   •   지배하다

5. 식민지를   •   •   하다

D. 빈칸에 들어갈 '~화하다' 표현의 어휘를 선택하세요.

| 기사화 | 다양화 | 일반화 | 최대화 | 최소화 |

1. 정부는 서울에서 가까운 여러 지역들을 도시<u>화할</u> 계획이다.

2. 기자가 지난번 인터뷰를 ＿＿＿＿＿＿＿＿＿했네요.

3. 다양한 행동들의 특징을 무시하고 ＿＿＿＿＿＿＿＿＿해서 설명하면 안 된다.

4. 사진 크기를 ＿＿＿＿＿＿＿＿＿해서 보면 커서 보기 편해요.

5. 텔레비전 프로그램이 ＿＿＿＿＿＿＿＿＿되니까 종류가 많아져서 더 많은 사람들이 텔레비전을 본다.

6. 크기가 ＿＿＿＿＿＿＿＿＿된 전화기가 작아서 가지고 다니기가 편하다.

E. '~고 말다'를 사용해 내용에 맞게 문장을 완성하세요.

남기다	떨어지다	빼앗기다	잃어버리다	잠들다	지다

1. 조선은 일제시대 동안 귀중한 문화재와 자원을 모두 빼앗기<u>고 말았어요</u>.

2. 부모님의 이혼은 아이들에게 상처를 ＿＿＿＿＿＿＿＿＿＿＿＿＿＿＿＿＿＿＿＿＿

3. 최선을 다해서 준비했지만 올해 대학 입학시험에 ＿＿＿＿＿＿＿＿＿＿＿＿＿＿＿＿＿

4. 얼마 전에 등산 갔다가 새로 산 반지를 ＿＿＿＿＿＿＿＿＿＿＿＿＿＿＿＿＿＿＿＿＿

5. 너무 피곤해서 강의 중에 ＿＿＿＿＿＿＿＿＿＿＿＿＿＿＿＿＿＿＿＿＿＿＿＿＿＿＿

6. 우리 팀은 마지막까지 포기하지 않고 뛰었지만 경기에서 ＿＿＿＿＿＿＿＿＿＿＿＿＿＿＿

F. '~을/를 전후하여'가 들어간 표현을 연결해 문장을 완성하세요.

1. 3월 1일을 <u>전후하여</u> (around March 1st) 엠티가 있을 거다 .

2. 가게들은 _____ (around the year-end) 세일을 많이 한다.

3. 환자는 _____ (around the accident) 일어난 일들을 자세히 기억하고 있다.

4. _____ (around 12 noon) 점심 예약을 하면 좋겠다.

5. _____ (around the armistice) 작은 전투들이 있었다.

6. _____ (around the graduation) 인생 계획을 세웠다.

G. '~(으)ㄹ 무렵(에)'을 사용해 주어진 표현을 사용해 문장을 완성하세요.

끝나다	되다	맺어지다	시작되다	졸업하다	해가 지다

1. 가을이 <u>시작될 무렵</u> 수학여행을 갈 계획이다.

2. _____ 하늘 색이 아름답다.

3. 매년 3월 봄이 _____ 새 학년도가 시작된다.

4. 회의가 _____ 잠시 쉬었다.

5. _____ 취직이 되었다.

6. 휴전협정이 _____ 크고 작은 전투들이 계속 벌어졌다.

H. '~와/과 동시에'를 사용해 내용에 맞게 문장을 완성하세요.

1. 항복 선언과 <u>동시에</u> 종전이 이루어졌다.

2. 후배는 _____ 달리기를 시작했다. 후배와 선배 중 누가 이길까 모두 지켜보고 있었다.

3. 나는 2월에 졸업할 예정이다. 그리고 _____ 결혼할 예정이다.

4. 친구는 나와 같은 생각을 하고 있었는지 _____ 말을 하기 시작했다.

5. 교통사고로 남편이 _____ 사망했다. 사망한 부부가 정말 안 됐다.

6. 내 발표와 수업은 동시에 끝났다. 내 발표가 _____ 수업 시간이 끝나는 종이 울렸다.

I. '~(을/를) 당하다'를 사용해 내용에 맞게 문장을 완성하세요.

1. 친구에게 이용 <u>당했다</u>는 것을 알게 됐다. 그래서 마음에 큰 상처를 받았다.

2. 2001년 9월 11일 미국이 알 카에다로부터 _____

3. 데이트 신청했다가 _____

4. 이 지역은 인종이 다양한데도 불구하고 동양인이라는 이유로 _____

5. 생각 없이 행동했다가 _____. 나의 그런 행동이 부끄럽다.

6. 눈이 많이 오는 날 운전하다가 _____

J.   다음 내용을 읽고 질문에 답하세요.

1945년 제2차 세계 대전이 끝남과 동시에 한반도 일제 강점기도 막을 내렸다. 1910년 일본이
한반도를 식민지화한 이후 35년 만에 한민족은 주권을 되찾았다. 한국은 일본에서 해방된 8월
15일을 광복절 휴일로 정했는데 광복절이란 '빛을 되찾은 날'이라는 의미이다.
    광복 당시 한반도에는 정부가 없어서 제2차 세계 대전에서 승리한 연합국인 소련과 미국은
한반도를 분단한 두 개의 군정에 합의했다. 북위 38도 선 북쪽은 소련군이 주둔하고, 남쪽은
미군이 주둔하기로 합의한 것이다. 그 결과, 한반도는 남북으로 분단되었다. 한반도는
해방되었으나 일본의 식민 지배는 오랜 시간에 걸쳐 한반도에 큰 상처를 남기는 결과를 낳았다.

---

1.   글의 내용과 맞는 것은 어느 것입니까?

㉠ 광복 당시 한반도에는 대한민국 정부가 있었다.

㉡ 광복절이란 '빛을 되찾아서 서로 절하는 날'이라는 의미이다.

㉢ 일제 강점기는 35년 동안 계속됐었다.

㉣ 한국 전쟁이 끝남과 동시에 한반도 일제 강점기가 끝났다.

2.   글의 내용과 맞지 않는 것은 어느 것입니까?

㉠ 1945년 한반도는 35년 만에 일본으로부터 해방됐다.

㉡ 북위 38도 선 북쪽은 소련군이, 남쪽은 미군이 주둔하기로 했다.

㉢ 일본의 식민 지배는 한반도에 도움이 되었다.

㉣ 제2차 세계 대전에서 소련과 미국이 승리했다.

K. 전쟁 등의 역사적 사건을 경험한 분을 여러분이 기자로서 인터뷰하세요. 경험담 내용을 배운 문형을
   사용해 요약해 보세요.

~을/를 구실로	~화하다	~고 말다	~을/를 전후하여
~(으)ㄹ 무렵(에)	~와/과 동시에	~(을/를) 당하다	

1.	인터뷰 주제(역사적 사건)	예: 제2차 세계 대전
2.	인터뷰 대상	예: 제2차 세계 대전에 연합군으로 참전하셨던 할아버지
3.	경험담 인터뷰 내용	

L. 태평양 전쟁, 그리고 일본의 제2차 세계 대전 항복과 한반도 해방에 대한 다큐멘터리나 영화를 찾아보고 시기, 원인, 결과 등에 대해 쓴 뒤 친구에게 말해 보세요.

사건	찾아본 다큐멘터리나 영화	시기, 원인, 결과 등
예: 진주만 폭격	영화 〈진주만〉 ("Pearl Harbor")	진주만 폭격은 1941년 12월 7일, 일본이 하와이 진주만 해군 기지를 선전포고 없이 갑자기 폭격한 사건이다. 일본이 폭격 준비를 하고 있을 **무렵** 공격에 대한 정보가 있었지만, 공격 대상이 일본에서 먼 미국이 아니라 필리핀이라고 생각했었다고 한다. 진주만 폭격과 **동시에** 태평양 전쟁이 시작된 것이다. 진주만 폭격의 목표는 미국 해군을 태평양에서 **무력화하는** 것이었다. 폭격을 **당한** 미국은 큰 피해를 입었다. 그러나 4년 후 1945년 미국은 일본에 원자 폭탄을 투하해서 결과적으로 일본은 제2차 세계 대전에서 무조건 항복을 **선언하고 말았다.** 진주만 폭격은 **진주만 공격, 진주만 공습이라고도** 한다. 기지 (military) base 무력화 to incapacitate

사건	찾아본 다큐멘터리나 영화	시기, 원인, 결과 등
1. 태평양 전쟁		
2. 일본의 제2차 세계 대전 항복과 한반도 해방		

종합 활동

A. 밑줄 친 곳에 가장 어울리는 표현을 넣으세요.

1. 한국 전쟁이 일어난 지 _____(으)로 75년이 된다.

   ㉠ 날   ㉡ 무렵   ㉢ 올해   ㉣ 적

2. 많이 바쁘실 텐데 _____ 시간을 내 주셔서 감사합니다.

   ㉠ 강제로   ㉡ 귀중한   ㉢ 무렵   ㉣ 온갖

3. 제2차 세계 대전 때 연합군이 _____ 했다.

   ㉠ 구실   ㉡ 상처   ㉢ 승리   ㉣ 특집

4. 링컨 대통령과 마틴 루서 킹 목사는 인종 _____을/를 반대했다.

   ㉠ 사건   ㉡ 전투   ㉢ 차별   ㉣ 침략

5. 일제 강점기 동안 한국어 사용은 _____ 되었었다.

   ㉠ 경험   ㉡ 금지   ㉢ 차별   ㉣ 해방

B. 교과서 내용에 따라 연관된 내용끼리 연결하세요.

1. 일제   •   • 강점기   _____

2. 제2차   •   • 기관   _____

3. 조선   •   • 세계 대전   _____

4. 공공   •   • 왕조   _____

5. 선전   •   • 포고   _____

C. 연관된 표현끼리 연결하세요.

1. 훑어   •   • 되다   _____

2. 주둔을   •   • 들다   _____

3. 되풀이가   •   • 보다   _____

4. 밀려   •   • 찾다   _____

5. 되   •   • 하다   _____

D. 주어진 표현을 선택해 문장을 완성하세요.

말씀드렸듯이	~을/를 구실로	~을/를 전후하여
~을/를 중심으로	최소화하면	

1. 친구들은 오늘도 졸업 축하_____ 또 술을 마실 거 같다.

2. 전화로_____ 다음 주에 뵙겠습니다.

3. 1월 1일 해돋이_____ 길이 많이 막힌다.

4. 글씨 크기를_____ 한 장에 더 많이 쓸 수 있어요.

5. 서울_____ 수도권이 크게 발전했다.

E. 밑줄 친 곳에 가장 어울리는 표현을 넣으세요.

1. 동생은 머리가 아프다는 것을_____ 오늘도 결석을 했다.

   ㉠ 경험담으로   ㉡ 구실로   ㉢ 말씀드렸듯이   ㉣ 무렵에

2. 한국에서는 5월을_____ 결혼식을 많이 한다.

   ㉠ 구실로   ㉡ 당하여   ㉢ 말씀드렸듯이   ㉣ 전후하여

3. 공부를 많이 했는데도 시험에_____.

   ㉠ 당했어요   ㉡ 떨어지고 말았어요   ㉢ 보곤 했어요   ㉣ 뵙겠습니다

4. 선전포고 _____ 폭격이 시작되었다.

    ㉠ 을/를 경험담으로   ㉡ 와/과 동시에   ㉢ 을/를 말했듯이   ㉣ 을/를 구실로

5. 가을이 _____ 애인과 헤어졌다.

    ㉠ 될 무렵   ㉡ 되곤 했는데   ㉢ 자동화해서   ㉣ 전후하여

F.   대화를 듣고 질문에 답하세요. 🎧

1. 남학생 기자는 무엇을 중심으로 기사를 쓰려고 합니까?

    ㉠ 동기 신입생들과의 모임
    ㉡ 선배들의 신입생 때 겪은 희생
    ㉢ 졸업하는 선배들의 신입생 시절 당시의 경험담
    ㉣ 코로나19 때문에 경험한 불편함

2. (여자) 선배는 언제 대학에 입학했습니까?

    ㉠ 2020년   ㉡ 2021년   ㉢ 2022년   ㉣ 말하지 않았다

3. 코로나19로 인해 모임 금지가 내려질 무렵 직장에서 일이 아닌 것을 고르세요.

    ㉠ 대부분의 직원들을 집에서 일하게 했다.
    ㉡ 별로 불편하지 않았다.
    ㉢ 출퇴근 시간을 아낄 수 있었다.
    ㉣ 회의도 화상 회의를 했다.

G. 다음을 읽고 질문에 답하세요.

일제 강점기에 한국인은 일본의 식민 통치에 반대하는 운동을 일으켰다. 국내에서는 물론, 일본, 중국, 미국, 러시아 등 해외로 나간 한국인들은 독립운동을 계속했다. 가장 큰 독립운동은 고종 황제의 장례 날인 1919년 3월 1일에 일어난 3·1 독립운동이었다.

3·1운동은 독립선언서의 발표를 시작으로 약 2개월간 전국적으로 약 200만 명이 참가했다. 3·1운동은 한일 병합 조약의 무효와 한국의 독립을 선언하는 운동이었다. 일본은 한국인 7,500명의 사망자를 내면서 강제로 3·1운동을 진압했다. 그러나 해외로 나간 애국자들은 1919년 4월 13일 중국 상하이에 임시 정부를 수립했다. 이 임시 정부는 한국이 일본에서 해방될 때까지 활동을 계속했다.

1919년부터 1925년까지 상하이 임시 정부의 대통령이었던 이승만 박사는 주로 미국에서 외교 중심의 독립운동을 벌였다. 광복이 되자 이승만은 한국으로 돌아가 1948년 대한민국 정부의 초대 대통령이 되었다. 한국은 1919년 3월 1일에 일어난 독립 운동을 기념하기 위하여 3·1절을 국경일로 정하고 있다.

---

1. 3·1운동에 대해 맞지 않는 설명은 어느 것입니까?

　　㉠ 1919년 3월 1일에 일어난 독립운동이었다.

　　㉡ 3월 1일 하루 동안 한국인 7,500명이 사망했다.

　　㉢ 일본의 식민 통치에 반대하는 운동이었다.

　　㉣ 한일 병합 조약의 무효와 한국의 독립을 선언했다.

2. 해외에서의 독립운동에 대한 맞는 설명을 고르세요.

　　㉠ 미국에 독립운동을 위해 임시 정부를 만들었다.

　　㉡ 일본, 중국, 미국, 러시아 등 해외에서 있었다.

　　㉢ 일본이 강제로 3·1운동을 진압해서 1919년에 해외에서 독립운동이 시작됐다.

　　㉣ 한국인 약 200만 명이 해외에서 독립운동에 참가했다.

3. 이승만 대통령에 대한 설명 네 가지를 역사 시기 순으로 정리해 보세요.

_____ → _____ → _____ → _____

㉠ 1919년부터 1925년까지 상하이 임시 정부의 대통령이었다.

㉡ 광복이 되자 한국으로 돌아갔다.

㉢ 대한민국 정부의 초대 대통령이었다.

㉣ 미국에서 외교 중심의 독립운동을 벌였다.

H. 다음의 문형을 사용해 질문에 대해 답을 써 보세요.

~을/를 구실로	~화하다	~고 말다	~곤 하다
~을/를 전후하여	~(으)ㄹ 무렵(에)	~와/과 동시에	~(을/를) 당하다

1. 영화 〈집 없는 천사〉에서 어린 학생들이 "황국 신민 맹세"를 외우는 장면을 설명해 보세요. 그리고 다음 표의 질문에 답을 써서 말해 보세요.

주제	설명 및 의견
가. "황국 신민 맹세" 장면	일본이 한반도를 식민지**화한** 이후 학생들은 학교 아침 조회 때마다 "황국 신민 맹세"를 크게 외워야 했습니다.
나. 언제를 전후로 한 배경입니까?	
다. 어떤 역사적 사건이 있을 무렵이었을까요?	
라. 학생들은 그들이 어느 나라 국민이라고 믿었을까요?	
마. 학생들은 미국과 영국을 어떻게 생각했을까요?	
바. 학생들은 일본의 제2차 세계 대전 승리를 위해 어떻게 했을까요?	

2. 여러분은 대학 신문사 기자입니다. 대학생들에 대한 기사를 쓰기 위해 취재할 기사 주제나 제목, 인터뷰 대상, 그리고 인터뷰 정보를 정해서 써 보세요. 인터뷰를 한 뒤 취재 내용을 정리해서 기사화하세요.

가. 신문 이름	한국대 소식
나. 기사 주제/제목	한국대 축제 역사와 대학 축제의 의미
다. 인터뷰 대상(대학생 정보)	대학 축제 준비 위원회 회장
라. 인터뷰 정보 (예: 방식, 시간 및 장소)	화상 인터뷰, 4월 15일 오후 3시
마. 취재 내용	<ul><li>대학 축제는 많이 변해 왔다.</li><li>대학 축제의 역사에 보이는 두 가지 공통점이 있다. 1. 첫째, 한국대 학생들이 함께 한 곳에 모인다. 2. 둘째, 다양한 행사가 열린다.</li><li>1948 이후 매년 대학 축제를 열어 왔다.</li><li>1950년대까지는 작은 행사들이 많았었다.</li><li>1960년대에는 축제가 단과대 학생회**를 중심으로** 열렸었다.</li><li>1970년대에는 학술 대회**와 동시에** 다양한 놀이도 함께 찾아볼 수 있다.</li><li>2010년대 이후 축제의 공동체 의식이 약해졌고 음식 등을 팔아서 너무 상업**화하는** 거 아니냐는 비판도 받았다.</li></ul>공통점 a common point
바. 신문 기사	대학 축제는 시대에 따라 많이 변해 왔다. 하지만 우리 대학 축제의 역사를 보면 계속해서 내려오는 두 가지 공통점을 볼 수 있다. 첫째, 한국대 학생들이 전공에 상관없이 누구든 다 함께 한 곳에 모인다는 큰 의미가 있다. 둘째, 대동제라고도 불리는 대학 축제에서 다양한 행사가 열린다.

> 우리 한국대는 1948 이후 매년 대학 축제를 열어 왔다.
> 1950년대까지는 대학 전체보다는 여기저기 작은 행사들이
> 많았었다. 문화제의 인기가 많**을 무렵인** 1960년대에는 축제가
> 단과대 학생회**를 중심으로** 열렸었다. 1970년대 축제에서는 학술
> **대회와 동시에** 다양한 놀이도 함께 찾아볼 수 있다. 탈춤이나
> 농악 공연 같은 행사에 학생들이 특히 많이 모이**곤 했다**. 남녀가
> 파트너로 참여하는 파티에 가려고 반 친구에게 파트너가 돼
> 달라고 물어봤다가 거절**을 당하는** 경우도 있었다.
>
> 2010년대 이후 축제의 공동체 의식이 약해졌고 음식 등을
> 팔아서 너무 상업**화하는** 거 아니냐는 비판도 받았지만 한 대학의
> 많은 학생들이 함께 모여 다양한 행사를 한다는 두 가지 큰 의미가
> 있다.

3. 여러분이 아는 한국어 어휘 중 일본어의 영향을 받은 표현은 무엇이 있는지 조사해 써 보세요.

일본어의 영향을 받은 한국어 표현	영어 의미
가. 카레	curry
나.	
다.	
라.	
마.	
바.	

8과 대한민국의 수도 서울

대화

A. 1. 인구 2. 물가 3. 중심 4. 등산 5. 근처

B. 1. ㉡ 2. ㉢ 3. ㉤ 4. ㉠ 5. ㉣

D. 1. 시험을 잘 본 셈이에요. 2. 공짜로 산 셈이에요. 3. 구경한 셈이네요. 4. 매일 운동하는 셈이에요.

5. 고향인 셈이에요.

F. 1. 한눈, 한동안, 한입, 한평생 2. 한낮, 한복판, 한밤중, 한여름

G. 1. 한복판 2. 한밤중 3. 한겨울 4. 한낮 5. 한여름

H. 1. 한눈에 2. 한입에 3. 한걸음에, 한숨에 4. 한숨에 5. 한 번에

I. 2. 할 만해요. 3. 입을 만해요. 4. 할 만해요. 5. 읽을 만한 6. 입을 만한

K. 1. ㉡ 2. ㉠

> 남자: 이번 토요일에 남산 서울타워에 갈래?
> 여자: 남산 서울타워? 거기는 가 본 적이 없는데… 가 볼 만한가?
> 남자: 나는 예전에 가 봤는데 좋더라고. 한번 가 볼 만한 곳이야.
> 여자: 서울타워에서 할 만한 것들이 뭐가 있는데?
> 남자: 음, 서울타워 전망대에서 서울 경치를 한눈에 볼 수 있어. 서울 경치를 보면서 식사를 할 수 있는
> 식당도 있더라고. 그리고 서울타워가 남산 위에 있으니까 남산 구경도 할 수 있고.
> 여자: 재미있겠네. 그럼 서울타워까지 가려면 남산을 걸어서 올라가야 하나?
> 남자: 걸어서 갈 수도 있고 버스를 타고 갈 수도 있어. 케이블카를 타고 갈 수도 있대.
> 여자: 그럼 케이블카를 타자. 재미있을 것 같아.
> 남자: 그래, 재밌겠다. 그럼 내가 토요일에 뭐 하면 좋을지 좀 찾아보고 전화할게.
> 여자: 응, 고마워. 나도 찾아보고 있을게.

L. 1. ㉣ 2. ㉡

> 남자: 봄이 된 줄 알았는데 오늘 날씨가 너무 추워요. 겨울 같아요.
> 여자: 네, 서울의 봄 날씨는 변덕스러워서 더웠다 추웠다 그래요.

남자:	언제부터 좀 날씨가 좋아질까요?
여자:	글쎄요, 일기예보를 보니까 다음 주부터는 날씨가 따뜻해진대요.
남자:	그런데 요즘 공기도 좀 안 좋은 것 같아요. 목이 아파요.
여자:	황사 때문에 그래요. 황사 마스크를 꼭 쓰고 다니세요.
남자:	그래야겠어요. 그런데, 황사 마스크를 어디서 살 수 있어요?
여자:	약국이나 편의점에서 살 수 있어요.
남자:	아, 고마워요. 당장 약국에 가 봐야겠어요.

읽기

A. 1. 교육 2. 수도 3. 복구 4. 화재 5. 철거

B. 1. ㉠ 2. ㉢

C. 1. ㉣ 2. ㉢ 3. ㉢ 4. ㉢ 5. ㉣

D. 1. 바흐 2. 뉴욕 3. 마거릿 대처 4. 5월 5. 두리안

F. 1. 충실해야 한다 2. 맡았어요 3. 한다 4. 했습니다 5. 맡았어요 6. 다하겠습니다

H. 1. ㉢ 2. ㉡

I. 1. ○ 2. ○ 3. ○ 4. X

종합 활동

A. 1. 교육 2. 직장 3. 물가 4. 건축물 5. 규모 6. 화재 7. 상점 8. 사계절 9. 장마 10. 단풍

C. 1. ㉠

D. 1. ㉡ 2. ㉠

E. 1. (Answer may vary)

여자:	서울은 정말 살기 좋은 도시인 것 같아요. 저는 기회가 있으면 서울에서 살고 싶어요.
남자:	왜 서울이 좋으세요?
여자:	일단 교통이 편리한 것 같아요. 특히 지하철이 잘 되어 있어서 웬만한 데는 지하철로 갈 수 있어서 좋아요.
남자:	맞아요. 버스랑 지하철이 환승이 돼서 싸고 편리하게 다닐 수 있어요.
여자:	그리고 서울은 정말 국제도시라고 생각해요. 많은 정보들이 영어로 제공되어서 저 같은 미국 사람도 생활하는 데 별로 불편함을 느끼지 않고 살 수 있어요.
남자:	음식은 잘 맞으세요?
여자:	음식도 너무 좋아요. 한국 음식도 맛있지만 한국에서는 서양 음식도 다양하게 먹을 수 있어요. 어떤 때는 제 고향에서보다 한국에서 먹는 미국 음식이 더 맛있는 것 같아요.
남자:	한국 생활이 잘 맞으시는 것 같네요.

9과 남한과 북한

대화

A. 1. 차이 2. 연애 3. 퇴학 4. 연예인 5. 전쟁

B. 1. 급속하게 2. 자유롭게 3. 하루빨리 4. 심지어 5. 차차

C. 1. 알다시피 2. 아시다시피 3. 말씀하셨다시피 4. 보시다시피 5. 들었다시피

G. 1. 아시다시피 2. 특히 3. 그렇군요 4. 심지어 5. 그건 그렇고

F. 2. (끼리 should be attached to a noun that indicates a group of people or things of the same kind.)

H. 2. (더러 is used only on person, not animal.)

4. (더러 is used with a verb that denotes asking or requesting.)

K. 1. ㉠

> 남자: 북한에서 남한으로 온 지 얼마나 됐어요?
>
> 여자: 2년 정도 됐어요.
>
> 남자: 얼마 안 되셨네요. 그런데 북한 말투를 거의 안 쓰시네요. 완전히 서울 사람 같아요.
>
> 여자: 아, 제가 북한 말투를 안 쓰려고 노력을 많이 했어요. 왜냐하면 제가 북한 말투를 쓰면 사람들이 쳐다봐서 그게 싫었어요.
>
> 남자: 아, 사람들이 쳐다보는군요. 남한에서 사시면서 제일 불편하신 게 뭐예요?
>
> 여자: 제가 만난 사람들은 대부분 좋은 분들이셨는데 가끔 북한에서 왔다고 하면 신기하게 생각하거나 불쌍하게 생각하는 사람들이 있었어요. 그런 분들을 만날때는 조금 불편해요.

L. 1. ○ 2. X 3. ○ 4. ○

> 남자: 북한에서도 한국 드라마를 본다는 것이 정말인가요?
>
> 여자: 네, 요즘 젊은 사람들은 대부분 한국 드라마나 노래에 대해서 알고 있어요. 한류의 영향으로 남한의 패션이나 남한식 말투를 따라하기도 해요.
>
> 남자: 어떻게 한국 문화를 즐기지요? 북한에서도 인터넷을 사용할 수 있는지요?
>
> 여자: 북한에서는 인터넷을 사용할 수가 없어요. 남한의 문화는 주로 중국에서 몰래 들어온 DVD나 USB 플래시 드라이브를 통해서 접해요.
>
> 남자: 그런 것들을 보거나 들어도 괜찮아요?
>
> 여자: 아니요. 그런 것들을 보다가 걸리면 감옥에 갈 수도 있어요.
>
> 남자: 남한 문화를 즐기는 것이 아주 위험한 일이군요.

A. 1. 제2차 세계 대전 2. 한반도 3. 6·25(육이오) 4. 국제전 5. 휴전 협정 6. 이산가족 7. 군복무 8. 통일

F. 1. 3년 1개월 2. 아직 공식적으로 종전이 되지 않았기 때문에.

3. 세계 여러 나라가 참전한 전쟁이기 때문에. 4. 전쟁 중에 헤어진 가족들.

G. 1. 한반도의 완전한 비핵화. 2. 체제 안전 보장.

3. 미국은 북한이 비핵화하려는 노력이 부족하다고 여겼고 북한은 미국의 대북 제재가 심하다고 생각했다.

A. 1. 분단 2. 탈출 3. 적응 4. 영향 5. 수립 6. 파괴 7. 대치 8. 왕래 9. 통치 10. 발발

C. 1. ○ 2. X 3. ○ 4. ○

> 남자: 북한의 수도 평양은 어떤 도시인가요?
>
> 여자: 평양은 북한에서 제일 큰 도시예요. 높은 건물도 많고 자동차도 많이 다니고 지하철도 있어서 다른 나라의 대도시들하고 비슷하다고 해요.
>
> 남자: 그래요? 저는 북한에는 현대적인 대도시가 없는 줄 알았는데요.
>
> 여자: 평양만 그래요. 평양 이외에 다른 곳에는 없는 것 같아요. 평양에 사는 사람들은 북한의 상류층 사람들이고 평양 이외의 다른 도시들에서는 살기가 아주 어렵다고 해요.
>
> 남자: 저는 세계 여행을 하는 것이 꿈이라서 언젠가는 평양에도 가 보고 싶어요.
>
> 여자: 요즘에도 북한에 여행을 가는 사람들도 있지만 아직은 여행이 자유롭지 않은 것 같아요. 나중에 통일이 되면 한번 가 보세요.

D. 1. ㄹ 2. ㄷ

10과 한국의 주거 문화

A. 1. 말-걸다 2. 눈치-보이다 3. 군대-가다 4. 전세-살다 5. 수도세-내다 6. 성격-맞다

B. 1. ㄴ 2. ㄹ 3. ㄹ 4. ㄱ 5. ㄹ

C. 1. 친구를 (더 이상) 기다리다 못해

2. 학교 스트레스를 참다 못해

3. 여름에 더위를 참다 못해

G. 2. 저희 엄마는 제가 이번 학기에 장학금을 받았으면 하세요.

　　3. 난 네가 그렇게 거짓말을 안 했으면 해.

　　4. 나 대신 네가 김 교수님께 말해 줬으면 해.

　　5. 제 부모님은 제가 행복했으면 하세요.

K. 1. ㉢

남자: 오늘 점심 짜장면 어때?
여자: 나는 아직 숙제를 못 끝냈어. 오늘은 그냥 너 혼자 먹어라.
남자: 밥을 혼자 먹느니 차라리 안 먹겠다.
여자: 좀 혼자 먹으라니까!
남자: 그럼, 일단 너 숙제 끝날 때까지 나도 책 좀 볼게.

L. 1. ㉡ 2. ㉠

여자: 나 요즘 룸메이트 때문에 미칠 지경이야.
남자: 무슨 일인데? 성격이 이상해?
여자: 나는 일찍 자고 일찍 일어나는 편인데, 룸메는 나랑 반대야.
남자: 네가 너무 까다로운 거 아닌가?
여자: 아니야. 나는 밤에 자고 있는데 룸메는 밤늦게까지 게임도 하고 음악도 들어.
남자: 헤드폰이나 이어폰을 쓸 텐데 그게 방해가 되나?
여자: 응. 그런데도 키보드 소리가 시끄러워. 그리고 모니터도 켜 있으니까. 그래서 내일 만나면 일단 얘기를 해 보려고.
남자: 그런데, 너 룸메도 똑같이 생각할걸? 아침에는 룸메이트가 불편하겠지. 룸메이트는 나중에 바꿀 수도 있으니까 그냥 서로 조금씩 참는 게 어때?

읽기

A. 1. 로또–당첨되다 2. 규모–작다 3. 시험–준비하다 4. 의미–두다 5. 수입–저축하다 6. 기간–만료되다

B. 1. ㉡ 2. ㉣ 3. ㉠ 4. ㉡ 5. ㉠ 6. ㉣

F. 1. 한국의 아파트 특징/현실 2. ㉡

G. 1. 주상복합 2. 원룸 3. 고시원 4. 전세 5. 오피스텔

종합 활동

A. 1. 로 2. 에 3. 에/하고 4. 으로 5. 하고/와/랑 6. 로 7. 한테/에게

G. 1. 가. ○ 나. ○ 다. X 라. ○

> 최근 대학가 주변 아파트의 인기가 높아지면서 임대료도 상승하고 있습니다. 현재 전국 주요 대학의 기숙사가 받아들일 수 있는 학생은 실제 20% 정도밖에 안 되어 기숙사를 구하지 못한 학생들이 불편을 겪고 있습니다. 한편 이러한 학생들을 대상으로 임대료를 올리려는 사람들도 늘고 있는 것입니다.
>
> 부족한 기숙사의 대안으로 학교 주변 아파트가 떠오르고 있습니다. 원룸형 오피스텔을 선호하는 학생들도 있지만 이런 오피스텔보다 훨씬 비싼 임대료를 여러 학생이 공동으로 부담하는 '하우스 셰어링'으로 해결하는 주거 형태도 대학가 주변에서 요즘 인기가 많습니다.

H. 1. 요리도 하고 친구 초대도 할 수 있어서 자유롭게 살 수 있다.

    2. 통금 시간이나 생활 수칙 등이 있어서 생활이 관리된다.

11과 한국의 풍습과 미신

대화

A. 1. 운 2. 재수 3. 행운 4. 복 5. 운수 6. 불행

B. 1. 어긋나는 일이다 2. 달아난다 3. 키운다 4. 방지하기 5. 불면

C. (Answers may vary)

    2. 다 끝냈어요 3. 찾아냈어요 4. 다 써 냈어요 5. 해 냈습니다!

D. (Answers may vary)

    2. 선생님 오피스 아워에 가서 물어보려던 참이에요.

    3. 물어보려던 참이에요. 4. 물어보려던 참이에요. 5. 여행 가자고 하려던 참이에요.

E. (Answers may vary)

    2. 어쩐지 매일 스티브 씨가 도서관에 가더라니까요. 3. 어쩐지 맛이 이상하더라니까요.

    4. 어쩐지 오늘 기분이 안 좋더라니. 5. 어쩐지 오늘 학교 근처에 차가 많더라니.

G. 1. 시험 보는 날 미역국을 먹으면 시험에 떨어진다. 2. 선풍기를 틀고 자면 죽는다.

> 선생님: 혹시 여러분들이 한국에 살면서 알게 된 한국 미신이 있나요?
>
> 마크: 제가 지난번에 시험 보는 날 미역국을 먹었더니 먹지 말라고 했어요.
>
> 제니: 왜 그런거죠?
>
> 선생님: 그건 미역이 미끄럽기때문에 시험에서 미끄러진다고 해요. 그러니까 시험에 떨어진다는 말이죠.
>
> 제니: 아 그렇군요. 그럼 시험 보는 날 생일인 사람들은 참 곤란하겠네요.
>
> 선생님: 하하, 아마도 그렇겠지요. 한국에서는 생일날 미역국을 먹으니까요.
>
> 제니: 저는 지난번에 아는 한국 분이 선풍기를 틀고 자면 안 된다고 하셨어요.
>
> 선생님: 맞아요. 한국에는 선풍기를 틀고 자면 죽는다는 미신이 예전부터 있었어요.

읽기

A. 1. 확인한 다음 2. 곤란하다 3. 오해한다 4. 주의해야 한다 5. 신성하다

B. 1. 손수건 2. 장례식 3. 어버이날 4. 스승의날 5. 상대방 6. 관습

C. (Answers may vary)

　　2. 불편을 끼치고 있다. 3. 걱정을 끼치고 있다. 4. 좋은 영향을 끼치고 있다. 5. 폐를 끼쳤다.

D. (Answers may vary)

　　2. 세계에서 제일 높은 산은 말할 것도 없이 에베레스트 산이지요.

　　3. 세계적으로 유명한 놀이공원은 말할 것도 없이 디즈니랜드지요.

　　4. 하버드 대학교가 세계 최고 대학교라는 것은 말할 것도 없지요.

　　5. 가장 취직하고 싶은 회사는 말할 것도 없이 구글이지요.

E. (Answers may vary)

　　2. 기왕이면 요즘 인기있는 한국어 수업을 듣고 싶어요.

　　3. 기왕이면 학교에서 가까운 아파트가 좋을 것 같아요.

　　4. 기왕이면 저하고 성격이 맞는 룸메이트를 만나면 좋겠어요.

　　5. 기왕이면 회사 시설이 좋은 곳이면 좋겠어요.

F. (Answers may vary)

　　2. 사고가 날 수 있어요. 3. 헤어지게 된다고 해요. 4. 지구가 쓰레기장이 될 거예요. 5. 건강이 나빠질 거예요.

G. 1. 세계 여러 나라의 선물할 때 주의할 점들

　　2. 가. ○ 나. X 다. ○ 라. X

　　3. 나. 일본에서 흰색과 숫자 4와 관련된 선물은 금물이다.

　　　다. 독일에서 꽃을 포장해서 주는 것은 금물이다.

종합 활동

A. 2. 마음을 주고받다/전하다 3. 선물을 주고받다/전하다 4. 영향을 끼치다

　　5. 예의에 어긋나다 6. 의미가 담기다 7. 장례식을 치르다

B. (Answers may vary)

　　1. 5년쯤 됐을걸.

　　2. 지금 막 나가려던 참이었어.

　　3. 패스트푸드를 많이 먹다가는.

　　4. 시험이 너무 많아서 죽을 지경이에요.

　　5. 시험 보는 날 미역국을 먹지 말라고 했어요.

　　6. 어쩐지 안 좋은 일이 생기더라니.

　　7. 부모님께서는 제가 취직을 했으면 하세요.

　　8. 다 끝내서.

C. (Answers may vary)

1. 안타깝게도 학교 학생들이 많이 다쳤다고 해.

2. 중국에서는 시계를 선물하는 것은 금물이라고 해요.

3. 미국의 '추수감사절'에 해당한다.

4. 예전만 못하시다.

5. 맥도날드 햄버거를 먹느니 차라리 집에서 라면을 먹을래요.

6. 말할 것도 없이 서울이지요.

7. 기왕이면 호텔 숙박비가 비교적 싼 곳으로 가고 싶어요.

D. 1. X 2. ○ 3. ○ 4. X 5. ○

> 마크: 이번 주말에 친구 집들이 파티에 초대받았는데 뭘 사가는 게 좋을까요?
>
> 지윤: 한국에서는 보통 이사 간 집에 갈 때는 화장지나 세제를 가져가요.
>
> 마크: 그건 왜 그런 거죠?
>
> 지윤: 새로 이사 간 집에서 화장지처럼 모든 일들이 잘 풀리라는 뜻에서 그런 거예요.
>
> 마크: 그럼 세제는 무슨 뜻이 있나요?
>
> 지윤: 세제는 세제 거품처럼 크게 번성하라는 뜻에서 세제를 선물하는 거예요.
>
> 마크: 하하, 참 재미있네요. 문화마다 선물하는 풍습도 많이 다른 것 같아요.

E. 1. 가.○ 나. ○ 다. X 라. X 마. ○

2. 개인에 따라서 좋아하는 향수가 많이 다르기 때문이다.

12과 한국의 설화와 속담

대화

A. 1. 활–쏘다 2. 뜻–가지다 3. 종–울리다 4. 피–흘리다 5. 집–묵다 6. 도움–받다 7. 은혜–갚다

B. 1. 은혜 2. 공무원 3. 템플스테이 4. 교훈 5. 구전설화 6. 전설

D. 1. 어느 신문에서 읽었다. 2. 어느 대학을 졸업했다고 들었다.

3. 5월 어느 날 민지의 생일파티였다. 4. 학교 근처 어느 카페였다.

G. 2. 집에 들어오기 무섭게 누워서 잤어요.

3. 월급을 받기 무섭게 돈을 다 썼어요.

4. 시험이 끝나기 무섭게 술 마시러 갔어요.

5. 세일이 시작되기 무섭게 물건이 다 팔렸어요.

J.

> 선생님: '은혜 갚은 까치'에 대해서 잘 들었지요? 누군가의 도움을 받으면 은혜를 갚으라는 옛 조상들이
> 가르쳐 주는 교훈이 있는 설화예요. 여러분들은 어떻게 느꼈는지 얘기 좀 해 보세요.
> 학생: 저는 남편을 잃은 뱀의 입장에서 생각해 봤어요. 그럼, 정말 억울하고 슬픈 일 같거든요. 뱀이 살려면
> 까치를 잡아먹어야 하는데 젊은이가 까치를 위해 뱀을 죽인 거잖아요.

읽기

A. 1. ㄹ 2. ㄹ 3. ㄱ 4. ㄴ 5. ㄴ

F. 1. 교훈을 주거나 풍자를 하기 위해 어떤 사실을 비유적으로 서술하는 간결한 관용어구이다.

2. 삼국 시대

3. 한 민족이나 문화의 사상, 철학, 도덕, 교훈, 관습

4. 속담은 시대적 산물이고 사회적 산물이기 때문이다.

종합 활동

A. 1. 에/에서 2. 에 3. 에게/한테 4. 을, 에 5. 에서/로부터

C. 1. ㄱ 2. ㄹ 3. ㄴ 4. ㄱ 5. ㄹ

E. 1. 가. ○ 나. ✕ 다. ✕ 라. ✕ 마. ○

2. 말에서 떨어져서 다리를 다쳐 장애인이 되었기 때문에 전쟁에 나가지 않았다.

3. 나쁜 일이 있으면 좋은 일도 생기고 좋은 일이 생기면 나쁜 일도 생긴다고 믿었다.

4. 인생의 좋고 나쁜 일은 예측할 수 없이 일어나기 때문에 행복한 일에 지나치게 기뻐할 필요도 없고 불행한 일에
너무 슬퍼할 필요도 없다는 뜻이다. 누군가가 일이 잘못되어 괴로워하거나 슬퍼할 때 위로하는 말로 쓸 수 있다.

F. 1. ㄷ 2. ㄴ

> 민준(남): 지윤아! 우리 수학 스터디 같이 안 할래?
> 지윤(여): 좋지. 수빈이도 불러서 같이 하자. 언제부터 할까?
> 민준: 쇠뿔도 단김에 빼라고 당장 오늘부터 시작하는 게 어때?
> 지윤: 안 돼. 내일 역사 수업 시험 있잖아. 공부 하나도 안 했거든. 발등의 불 먼저 끄고 나서 시작하자.
> 민준: 그래, 그럼, 내일 연락할게.

G. 1. ㄷ

> 민지(여): 우진아, 너 동생 이번에 대학 시험 떨어졌지?
> 우진(남): 응. 항상 학교에서 1등만 해서 당연히 합격할 거라고 생각했는데…
> 민지: 에휴, 안타깝다. 네 동생이 떨어질 거라고는 아무도 생각 못 했지.

13과 한국의 공동체 문화

대화

A. 1. 강요 2. 가입 3. 화합 4. 초청 5. 모내기 6. 든든 7. 적응 8. 동기

B. 2. 선배 3. 회식 4. 일상생활 5. 적응

C. 2. 어찌나 노래를 잘하는지 다들 가수인 줄 알았어요.

　　3. 어찌나 서둘렀는지 신발도 안 신고 나갔어요.

　　4. 음식이 어찌나 매운지 혀에 아무 감각도 없어요.

　　5. 어찌나 피곤한지 옷도 안 갈아입고 자 버렸어요.

D. (Answers may vary)

　　2. 어찌나 재미있었는지 3. 어찌나 키가 큰지 4. 어찌나 한국어를 잘하는지 5. 어찌나 춥던지

F. 1. ㉠ 2. ㉢

> 지윤:　동수 선배, 신입생 오리엔테이션에서 들어 보니까 학교 동아리에 가입해서 활동하면 좋다고
> 　　　　하던데요.
>
> 동수:　맞아. 지윤이 넌 어떤 동아리에 가입하고 싶어?
>
> 지윤:　글쎄요. 동아리들이 어찌나 많은지 고르기가 힘들 거 같네요.
>
> 동수:　그렇지. 오늘 오후에 각 동아리 회장들이 모여서 학생회관에서 동아리 소개가 있을 거야.
>
> 지윤:　그래요? 그럼 꼭 가 봐야겠네요.
>
> 동수:　응, 꼭 가 봐. 동아리 활동을 하면 좋은 선배들과 친구들도 만날 수 있고 다양한 경험을 할 수 있을 거야.
>
> 지윤:　네 선배. 고마워요. 그럼 다음에 또 봐요.

읽기

A. 1. 운동회 2. 수학여행 3. 사은회 4. 집단주의 5. 유치원 6. 대가족

B. 2. 공공장소 3. 공동체 의식 4. 봉사 활동 5. 장기 자랑 6. 밥상 예절

F. 1. ㉡ 2. ㉡

종합 활동

A. 1. ㉡ 2. ㉠ 3. ㉣ 4. ㉠ 5. ㉠

B. 1. 또한 2. 이와 같이 3. 그러나

C. 1. 그렇잖아도 2. 차 사고가 나는 바람에, 다행이네요

　　3. 어찌나 많이 들었는지 4. 공부도 공부지만

5. 한국은 공동체 의식이 강해서 그런지 우리라는 말을 많이 해요.

6. 한국어 공부도 할 수 있는 데다가

E.　1. 가. ✕　나. ✕　다. ✕　라. ○

2. 예전에는 술을 많이 마셨지만 요즘은 강요하지 않아서 마시고 싶은 사람만 마시면 된다.

마크:　민지야, 오늘 입학식에 와 줘서 정말 고마워!

민지:　아니야, 입학식에는 보통 가족들이 오는데 마크 넌 가족들이 미국에 있으니까 외로운 입학식이 될 것 같아서 내가 왔어.

마크:　그래. 고맙다. 미국에는 입학식이라는 게 아예 없어서 나도 처음 하는 입학식이라 설레는 것 같아.

민지:　대학교에 입학하면 미국에는 없는 다양한 학교 행사가 많을 거야.

마크:　그래? 어떤 행사들이 있는데?

민지:　우선, 개강하면 같은 과 사람들이 모여서 개강 파티를 하겠지.

마크:　개강 파티는 어디서 어떻게 하는 건데?

민지:　보통 큰 식당이나 술집에서 하는데 새 학기를 잘 시작해 보자는 의미에서 같은 과 선배와 후배들이 만나서 인사도 나누고 이야기도 나누는 자리야.

마크:　그럼 술도 마시겠네? 한국 사람들이 모이면 술이 빠질 수 없잖아.

민지:　응. 술을 마시기는 하지. 근데 예전에는 술을 많이 마셨는데 요즘은 강요하지 않으니까 마시고 싶은 사람만 마시면 돼.

14과 일제 강점기의 한국

대화

A.　1. ㉠　2. ㉢　3. ㉡　4. ㉢　5. ㉠

B.　1. 겪다　2. 받다　3. 베다　4. 캐다　5. 나다

C.　1. 여쭈다　2. 경험하다　3. 다하다　4. 공습하다　5. 되다

D.　1. 뵙겠습니다.　2. 뵙고 싶었습니다.　3. 뵙게 돼서

E.　2. 기억하곤 해요.　3. 경험하곤 했어요.　4. 무시하곤 했었어요.　5. 상처받곤 해요.　6. 시달리곤 해요.

F.　1. ㉡　2. ㉣　3. ㉠　4. ㉢　5. ㉠

G.　1. 내일 뵙겠습니다.　2. 내일 봅시다.　3. 말씀드렸듯이　4. 말했듯이

5. 네 경험을 중심으로 말해 봐.　6. 경험담을 중심으로 취재하려고 합니다.

7. 어떻게 되세요.　8. 어떻게 되지.

9. 외우곤 하거든요.　10. 외우곤 했어.

H. 1. ⓒ 2. ⓐ

(여자) 기자:	한국 전쟁이 시작된 당시에 대해 좀 말씀해 주시겠습니까?
(남자) 장군:	네. 내가 1930년생이니까 한국 전쟁이 시작된 1950년에 나는 스무 살이었어요. 내가 군대에 들어간 지 1년도 안 됐었지요. 그해 6월 25일 이른 새벽에 북한이 남한을 침공하면서 한국 전쟁이 일어났어요. 6월 25일에 시작돼서 6·25전쟁이라고도 하지요. 1953년 7월까지 3년이 넘게 계속된 한국 전쟁 때문에 많은 한국인들이 희생됐어요.

I. 1. ⓓ 2. ⓒ

대화: [학생 기자와 선생님이 된 학교 졸업생]

(남) 학생 기자: 안녕하세요, 선생님. 처음 뵙겠습니다. 학교 신문 기자 이민준이라고 합니다.

(여) 선생님: 만나서 반가워요.

(남) 학생 기자: 지난주에 전화로 말씀드렸듯이 저희 학교 신문사에서 축제 특집 기사를 준비하고 있습니다. 저희 학교 졸업생이신 선생님들의 학생 시절 당시의 축제 경험담을 중심으로 기사를 쓰려고 하는데요…

(여) 선생님: 아, 그렇군요.

(남) 학생 기자: 실례지만 몇 년도에 저희 학교에 입학하셨었는지 여쭈어 봐도 될까요?

(여) 선생님: 나는 1975년에 입학했었지요.

J. (Answers may vary)

1. 어린 시절에는 친구하고 주로 비디오게임을 하면서 놀곤 했어요.

2. 고등학교 때 친구들과 떡볶이를 자주 사 먹곤 했어요.

3. 고등학생 때 패스트푸드 식당에 자주 가곤 했어요.

4. 중학생 때는 케이팝 노래를 즐겨 들었어요.

5. 고등학생 때 취미로 영화를 많이 봤어요.

읽기

A. 1. ⓒ 2. ⓓ 3. ⓑ 4. ⓐ 5. ⓔ

B. 1. 맺다 2. 벌이다 3. 내리다 4. 서명하다 5. 시달리다

C. 1. 하다 2. 빼앗다 3. 금지되다 4. 기념하다 5. 지배하다

D. 2. 기사화 3. 일반화 4. 최대화 5. 다양화 6. 최소화

E. 2. 남기고 말았어요. 3. 떨어지고 말았어요. 4. 잃어버리고 말았어요. 5. 잠들고 말았어요. 6. 지고 말았어요.

F. 2. 연말을 전후하여 3. 사고를 전후하여 4. 정오 12시를 전후하여 5. 휴전을 전후하여 6. 졸업을 전후하여

G. 2. 해가 질 무렵 3. 시작될 무렵 4. 끝날 무렵 5. 졸업할 무렵 6. 맺어질 무렵

H. 2. 선배와 동시에 3. 졸업과 동시에 4. 나와 동시에 5. 부인과 동시에 6. 끝남과 동시에

I. 2. 공격(을) 당했다 3. 거절(을) 당했다 4. 차별(을) 당했다 5. 창피(를) 당했다 6. 교통사고(를) 당했다

J. 1. ⓒ 2. ⓒ

K. (Answers may vary)

1. 인터뷰 주제 (역사적 사건)	예: 제2차 세계 대전
2. 인터뷰 대상	예: 제2차 세계 대전에 연합군으로 참전하셨던 할아버지
3. 경험담 인터뷰 내용	미군이신 할아버지께서는 스물두 살 때 제2차 세계 대전에 연합군으로 참전하셨다. 1941년부터 1945년까지 일본과 미국을 중심으로 벌어진 태평양 전쟁에서 싸우셨다. 특히 일본 오키나와 섬에서 벌어진 전투에 참전하셨다. 　할아버지가 계셨던 미군은 1945년 4월 1일 오키나와에 도착했다. 미군이 오키나와 북쪽에 도착할 무렵 일본군들은 남쪽에 있었는데 미군이 공격을 당했다. 오키나와 전투에서 미군과 일본군 모두 큰 피해를 입고 말았다. 오키나와 전투는 오키나와 섬 주민들도 많이 사망하는 감당하기 어려운 큰 상처를 남긴 전투이다.

종합 활동

A. 1. ⓒ 2. ⓑ 3. ⓒ 4. ⓒ 5. ⓑ

B. 1. 강점기 2. 세계 대전 3. 왕조 4. 기관 5. 포고

C. 1. 보다 2. 하다 3. 되다 4. 들다 5. 찾다

D. 1. 를 구실로 2. 말씀드렸듯이 3. 를 전후하여 4. 최소화하면 5. 을 중심으로

E. 1. ⓑ 2. ⓔ 3. ⓑ 4. ⓑ 5. ⓐ

F. 1. ⓒ 2. ⓑ 3. ⓑ

대화: [학생 기자와 졸업 예정인 선배 학생]

(남) 학생 기자: 안녕하세요, 선배님. 학교 신문 기자 이민지라고 합니다.

(여자) 선배:　취재하느라 수고가 많네요.

(남) 학생 기자: 지난주에 전화로 알려 드렸듯이 우리 학교 신문사에서 졸업반 선배들에 대한 특집 기사를 준비하고 있습니다. 올해 졸업하시는 선배님들의 신입생 시절 당시의 경험담을 중심으로 기사를 쓰려고 하는데요… 먼저, 정확히 몇 학번이신지 여쭈어 봐도 될까요?

(여자) 선배:　나는 21(이일)학번이에요.

(남) 학생 기자: 그럼 2021년 3월에 우리 대학에 입학하셨겠네요.

(여자) 선배:　맞아요. 그런데 입학을 전후하여 코로나19(일구) 상황이 한동안 이어져서 입학식을 화상으로 해야 했어요.

(남) 학생 기자: 아, 그러셨군요. 그럼, 동기 신입생들을 직접 만나지 못하셨겠어요.

(여자) 선배:　그렇죠. 5명 이상의 모임은 금지되었으니까요. 결국 학기가 끝날 때까지도 교수님은 물론 친구들도 직접 만나지 못하고 말았지요.

(남) 학생 기자: 정말 안타까우셨겠네요.

(여자) 선배:　네, 모임 금지가 내려질 무렵에는 직장들도 대부분 직원들을 집에서 일하게 했고, 회의도 화상으로 했거든요.

(남) 학생 기자: 정말 불편하고 힘든 시절이었겠어요.

(여자) 선배:　맞아요. 그런데 불편한 점도 있었지만 교통이 막히는 것을 피할 수 있었어요. 학생들은 집에서 편하게 공부할 수 있었고, 직장인들은 출퇴근 시간을 아낄 수 있는 장점도 없지 않아 있었지요.

화상으로 virtually　출퇴근 commute

G.　1. ㉡　2. ㉡　3. ㉠→ ㉣→ ㉡→ ㉢

H.　1. (Answers may vary)

주제	설명 및 의견
나. 언제를 전후로 한 배경입니까?	일제 강점기 중 1937년을 **전후한** 배경입니다.
다. 어떤 역사적 사건이 있을 무렵이었을까요?	황국 신민 맹세는 1937년 10월에 쓰여졌다고 합니다. 그러니까 일본의 중국 침략인 중일전쟁이 일어**날 무렵**이었을 거예요.
라. 학생들은 그들이 어느 나라 국민이라고 믿었을까요?	학생들은 그들이 일본 제국의 신민(국민)이라고 믿었습니다.
마. 학생들은 일본의 제2차 세계 대전 승리를 위해 어떻게 했을까요?	학생들은 일본의 제2차 세계 대전 승리를 위해 온갖 희생을 다 했다고 합니다. 예로 젊은이들이 전쟁터로 떠나서 학생들이 농사를 도왔습니다. 또, 먹을 것이 없어서 소나무 껍질을 먹고 배탈이 **나곤 했어요.** 죽지 못해서 살았던 것 같아요.

3.

일본어의 영향을 받은 한국어 표현	영어 의미
나. 닭도리탕(닭볶음탕)	braised spicy chicken
다. 소라색(하늘색)	sky blue
라. 다꽝(단무지)	pickled radish
마. 전기 콘센트	electrical outlet, concentric plug
바. 신나(시너/희석제)	paint thinner